Jean-Michel Alberola

Nous remercions Jean-Michel Alberola de l'attention et de l'aide précieuse qu'il nous a apportées tout au long de la préparation de cette exposition.

Que toutes les personnes qui ont permis par leur généreux concours, la réalisation de cette exposition, trouvent ici l'expression de notre gratitude, et en particulier : Mme Marie-Puck Broodthaers, galerie des beaux-arts, Bruxelles ; Comité national d'art sacré, Paris ; M. Piero Crommelynck, Paris ; galerie Catherine Issert, Saint-Paul de Vence ; M. et Mme Regolati-Nell, Suisse ; Mme Lucia Trisorio, Naples, ainsi que ceux qui ont voulu garder l'anonymat.

Nous souhaitons également exprimer notre reconnaissance à la galerie Daniel Templon et à la galerie Kaj Forsblom qui à des titres divers nous ont apporté leur concours.

Organisation de l'exposition et catalogue :
Marie-Laure Bernadac
assistée de Jacqueline Chevalier

Régie des oeuvres :
Liliane Decaen

Service de Presse :
Nathalie Garnier

Conception graphique :
Compagnie Bernard Baissait

Secrétariat de rédaction :
Martine Reyss

Fabrication :
Patrice Henry

N° d'éditeur : 868
ISBN : 2-85850-675-2
Dépôt légal : Avril 1993

Jean-Michel Alberola

Avec la main droite

MUSÉE NATIONAL D'ART MODERNE

CABINET D'ART GRAPHIQUE

14 avril - 28 juin 1993

Centre Georges Pompidou

IndeX

de J.M. Alberola et M.L. Bernadac

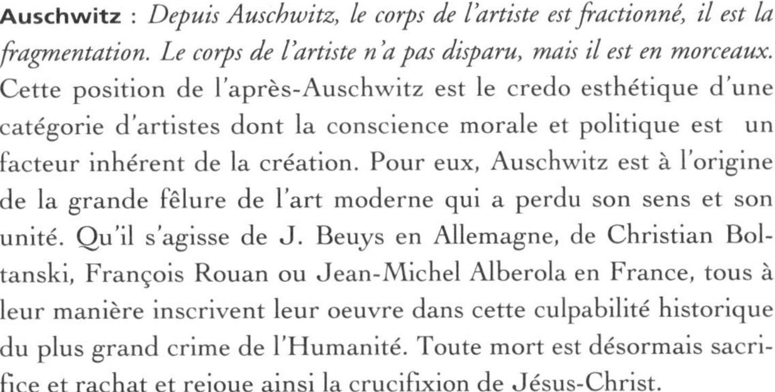

Auschwitz : *Depuis Auschwitz, le corps de l'artiste est fractionné, il est la fragmentation. Le corps de l'artiste n'a pas disparu, mais il est en morceaux.* Cette position de l'après-Auschwitz est le credo esthétique d'une catégorie d'artistes dont la conscience morale et politique est un facteur inhérent de la création. Pour eux, Auschwitz est à l'origine de la grande fêlure de l'art moderne qui a perdu son sens et son unité. Qu'il s'agisse de J. Beuys en Allemagne, de Christian Boltanski, François Rouan ou Jean-Michel Alberola en France, tous à leur manière inscrivent leur oeuvre dans cette culpabilité historique du plus grand crime de l'Humanité. Toute mort est désormais sacrifice et rachat et rejoue ainsi la crucifixion de Jésus-Christ.

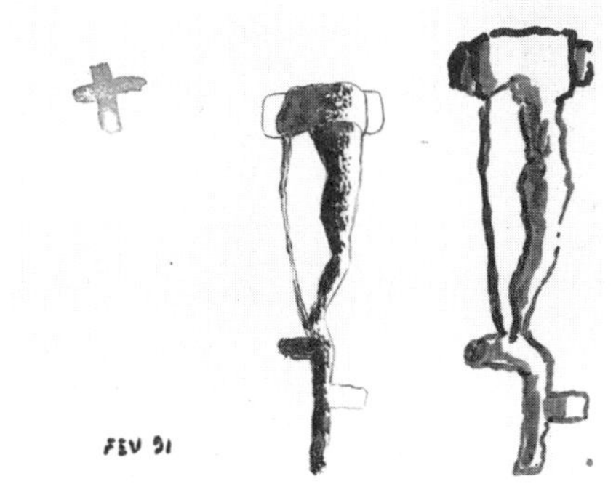

Carnet 5

Béquille : La béquille et la croix : association graphique et symbolique. L'une n'est que la moitié de l'autre, une croix à laquelle on aurait coupé un bras. C'est sur elle qu'Alberola s'appuie pour étudier le corps du Christ. Par ailleurs, *il est dit que le Christ orthodoxe a une jambe plus courte que l'autre pour signifier encore plus son imperfectibilité. je ne suis jamais à la bonne vitesse, toujours à marcher droit alors que je ne marche qu'en boîtant...*La dissymétrie est l'axe de composition de la plupart des dessins de crucifixion : moitié gauche ou droite du corps, de la croix. Comment joindre les deux bouts ? Ou l'équilibre du déséquilibre.

Blessure : C'est bien le corps entier, même s'il fut étudié en morceaux, qui intéressa le peintre. Rares, en effet, sont les représentations de plaies ou de la blessure faite à la lance au flanc du Christ. Seul un petit dessin montre la fente aux lèvres suturées. Par contre, les jambes entr'ouvertes du Christ forment une sorte de blessure.

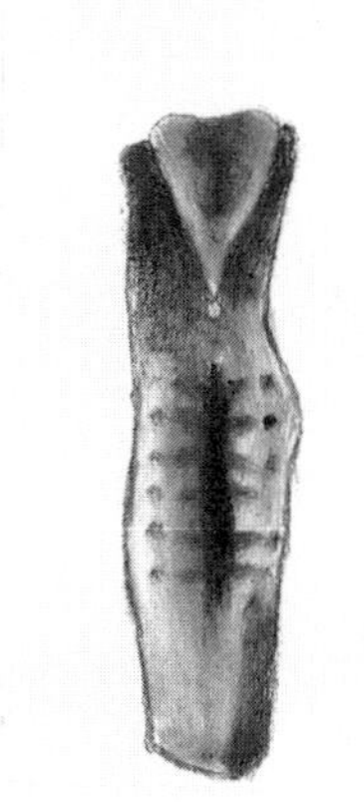

Fusain et huile
sur papier, 16 x 8 cm

Catholique : Pour tout enfant catholique, la croix est le premier signe connu. *Etre catholique, c'est être en état d'image, comme on dit en état de grâce.* Le catholicisme est pour J.M. Alberola *le lieu même de la peinture.* Voir Peinture.

UNE PREFACE.
CELA
S'ACCROCH
E
CELA
SE TEND
CELA
SE TIRE
DERRIÈ.RE.
IL YA DANS
CE CORPS
QUELQUE CHO
SE QUE NOUS
SAVONS...
LA
PEAU
UN
CHAS
SIS.
UNE
SOIE.
A. FECIT. 1991

39

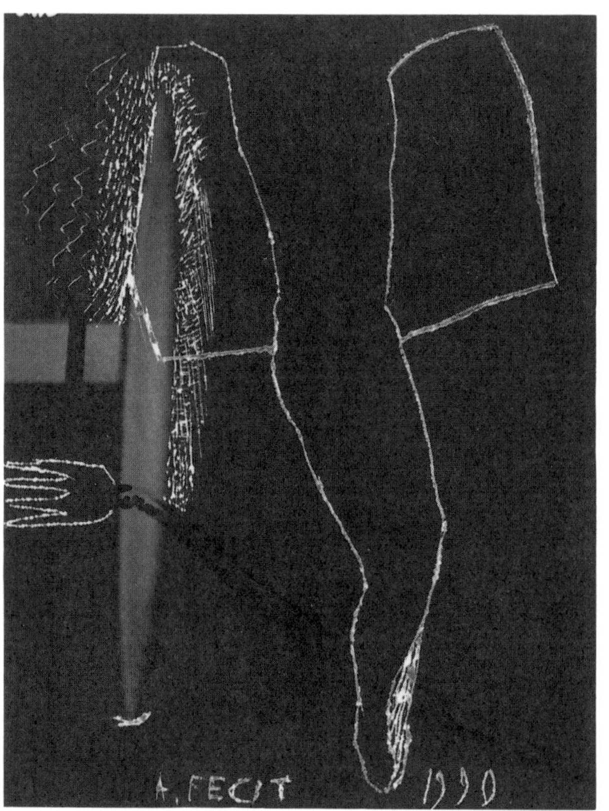
A. FECIT
1990

69

Cézanne : *Aller vers le corps sain, c'est passer par* Le Baigneur *de Cézanne.*

Chair : *Une excroissance de chair, comme gonflée.* Le corps est fait d'os et de chair. La peinture est faite d'une toile et d'un châssis. Sur la chair, il y a la peau. La chair est ce qui souffre, ce qui suinte et ce qui pourrit. En elle est toute vie, toute sève. La crucifixion redit le mystère de l'Incarnation, du dieu fait homme, de celui qui, tout comme l'art, participe du divin et de l'humain. Tout homme est fait de chair (péché de chair) et d'esprit, comme la peinture est faite de forme, de matière et d'idée. Mais "la forme n'est pas un manteau jeté sur la pensée, c'est la chair de la pensée elle-même" (G.Flaubert).

Châssis : *Derrière la toile, il y a un châssis en forme de croix.* "L'interminable lie du tableau noir en toile cirée décloué de son châssis enveloppant le drame sous ses plis." (Picasso, 1937) Voir le dessin avec l'inscription "Une préface", dans lequel le corps du Christ semble appartenir au châssis. Voir aussi Peau.

Clous : Instruments de la Passion et de la peinture. Servent à tendre la toile sur le châssis. Font des trous dans les mains et dans les pieds. Ils sont représentés comme une cible, un oeil, un trou sur la croix ou sur la toile. *Quelle est la morsure la plus grande, les clous ou la bouche de Marie-Madeleine ?*

Corps : *Un corps juste, juste le corps.*
Etudier son corps reviendrait à étudier le mien. C'est-à-dire ce qui est le plus proche de mon oeil et de ma main qui dessine ou qui incise.
Peut-être que faire un corps entier, c'est passer par le corps du Christ. Ce qui m'intéresse, c'est de faire un corps entier. Mais un corps entier, c'est faire la peinture la plus figurative qui soit. Ce que cherche J.M. Alberola dans la crucifixion, c'est effacer la croix pour "étudier le corps du Christ", retrouver dans ce corps souffrant la proposition d'un corps entier, donc d'un corps sain. Mais le corps du Christ est un et multiple. Il se donne en morceaux pendant la communion : "Prenez et mangez-en tous", car ceci est mon corps. Le corps de la parole et la parole du corps de la peinture vous salueront. Depuis toujours, ils sont liés : la parole à la recherche d'un corps, le corps qui dit, qui crie sa parole, définition de la peinture, de cette trinité divine du dieu fait homme et du Saint-Esprit. *C'est d'un même corps que se produit toujours le plus grand éclatement.* Voir Dionysos, main, pied, visage. Alberola peint les extrémités.

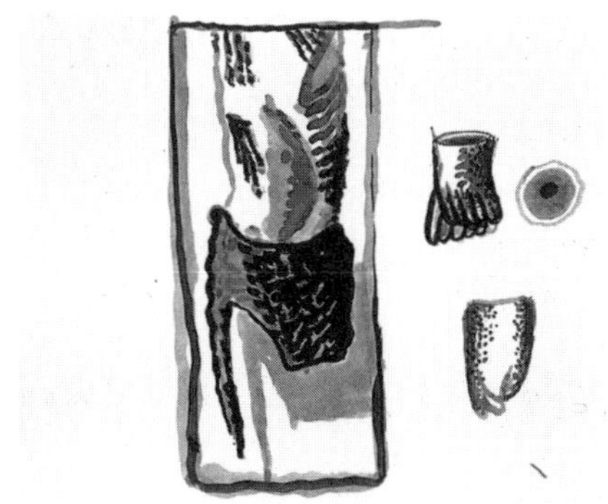

Carnet 5

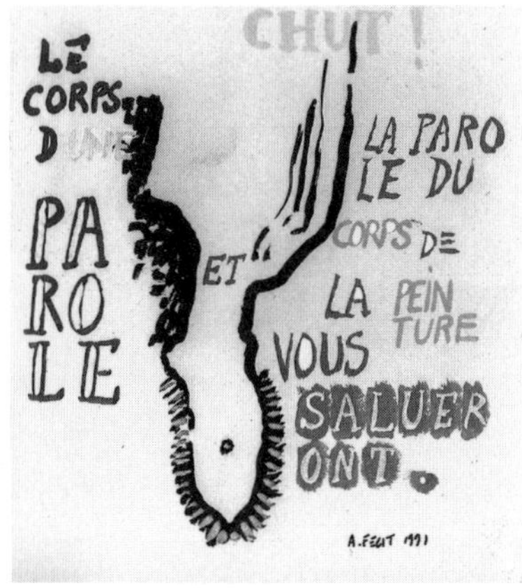

40

Coupe : Ce qui recueille le sang. Réceptacle de la peinture. Présente dans de nombreux dessins.

Crâne : Figure principalement dans les gravures.

Criminels : Dans une des gravures apparaissent autour du Christ des visages de criminels, tirés de l'atlas de criminologie de Lumbroso.

Crucifixion : Nom commun, pratiquement jamais écrit ni prononcé, sauf pour parler des crucifixions de la peinture. Ce sujet hante toute la peinture occidentale. C'est l'image fondatrice du christianisme, l'emblème du passage de l'Ancien Testament au Nouveau. Comment peindre aujourd'hui une image tellement banalisée qu'elle en a perdu son sens ? La seule façon de la réactiver est de partir de son expérience personnelle. Car celui qui peint la Crucifixion, peint nécessairement la souffrance et la mort. Jean-Michel Alberola est depuis toujours hanté par cette première image, ce premier signe.
De la mythologie à la religion, il n'y a qu'un pas. Il était fatal que le peintre, déchiré et coupable du regard impossible figé entre voyeurisme et aveuglement, rencontre , dans sa tentative de sauver la peinture, le corps du Christ. La crucifixion n'est jamais pour lui de l'ordre de l'expérience sado-masochiste ; elle est un thème plastique porteur de nouvelles images. Ce travail qui dura trois ans est une étape décisive de son oeuvre. L'ensemble comprend essentiellement des dessins, des gravures et sept carnets remplis de notes et de croquis, comme si la peinture effaçait en le recouvrant, ce que le dessin désigne.

Dieu : *Je peins sous l'oeil de Dieu, sous l'oeil de la définition du monde avec cette impossibilité de définir la totalité.Il va sans dire que Dieu, ou son équivalence magistrale (le moteur de toutes choses), me demande de soulever l'image.*

Dionysos : *Dionysos écartelé : promesse de vie.* Le corps morcelé de Dionysos est un autre exemple de sacrifice fondateur.

Eglise : *Ceux qui bâtissent les églises ; Ceux qui détruisent les églises,* deux tableaux, deux dessins, dans lesquels on retrouve des bribes de la Crucifixion.

Epine : *Une épine dans ma tête. Quelquefois cela pique en haut du ciel, quelquefois cela pique en bas de la terre.* Voir Haut/Bas, et Gant.

Frankenstein : Le corps artificiel, fait de morceaux de peau, de chair, un corps reconstitué, emblématique de la peinture. Voir Dionysos.

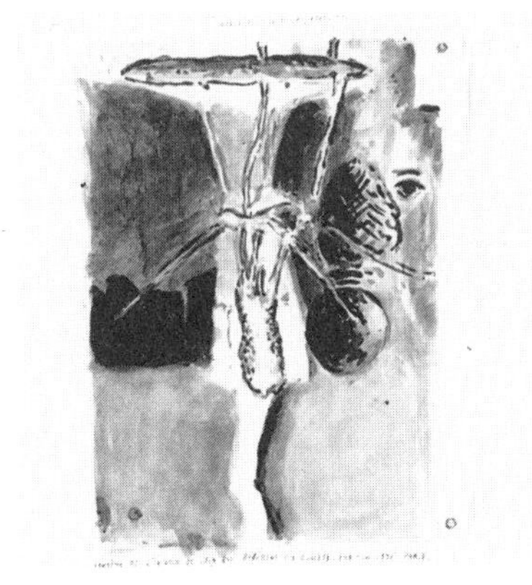

57

Gant : *Celui qui s'y frotte, s'y arrache. Condition d'un arrachement.* Un gant de coton brodé, avec des petites boules, trouvé en Finlande. Equivalent du gant de crin, qui arrache la peau et écorche à vif. Devient dans les dessins un attribut supplémentaire de la Passion, remplaçant la couronne d'épines et l'éponge imbibée de vinaigre. C'est aussi une main, mais une main sans pouce. J.M. Alberola lui adjoindra très vite un appendice.

Géographie : *Amener la géographie du Nord au Sud (Naples).* L'histoire de la crucifixion est liée à la géographie, puisque l'essentiel de ce travail s'est fait de Naples à Helsinki.

Géométrie : *Il faudra voir cette présentation comme une géométrie ou encore comme une cible.*

Grâce : *Il faut plusieurs sens pour que la grâce soit. Cette grâce qui est là, terrible, pour nous dire que le monde se fait de plusieurs choses ensemble, à la fois extrêmement distantes et dans le même lieu.*
L'art est du côté du gracias, du côté du remerciement.
La grâce est dans cette fracture de l'après-midi où j'ai sommeil

Gravure : La main qui dessine est la droite, celle qui incise est la "gauche" puisque tout est fait à l'envers. Le travail de la gravure qui montre la face cachée, l'empreinte, l'autre vision des choses est une métaphore du travail pictural d'Alberola.

Gant en coton brodé

37

Carnet 4

Ce n'est donc pas un hasard si toutes les études de crucifixion ont abouti à la gravure : l'épreuve de vérité. Lorsqu'il était dans l'atelier de Piero Crommelynck, il ne pouvait qu'être hanté par le fantôme de Picasso. Cocteau disait que la "vraie crucifixion résultait des colères de Picasso contre la peinture".

Haut / Bas : Le corps du Christ est en lévitation, tendu vers le haut et tombant. La plus grande chute correspond, dit G. Bataille, à la plus grande élévation. J.M. Alberola met le corps de la Pietà d'Avignon à l'envers. *La vision de Dieu, ou la vision d'en Haut implique dans sa discontinuité l'amalgame des différents points de vue.* La crucifixion est un thème qui autorise les changements d'échelle, de perspective, les disproportions, puisqu'elle imbrique deux visions : celle de l'artiste et celle d'en Haut.

Helsinki : *Le Grand Nord à la recherche du Grand Midi.*

Huile : L'huile de la peinture, et l'huile de l'extrême-onction. En traversant le papier, elle fait apparaître la trace du corps du Christ dans les grands dessins de Naples. "J'ai versé une bonne goutte d'huile." (F. Nietzsche, 1887)

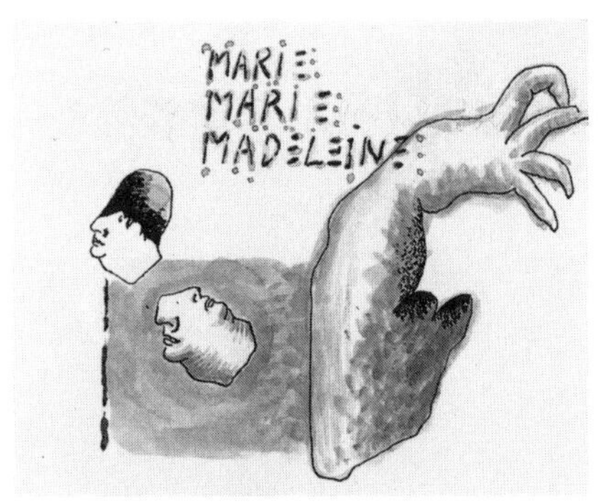

Carnet 4

Humide : *L'art ne passe que par les choses humides.*

Icône : *Il faut revenir à l'icône.*

Image : Auparavant, J.M. Alberola faisait des *images peintes.* Puis il y eut les images pieuses, les images des saints des *images naturelles. Les images ne sont pas assez fixes, seules les images catholiques le sont, puisqu'elles doivent arrêter de par leur verticalité, le défilement horizontal de toute chose. Je suis catholique et ce qui m'a toujours troublé, c'est d'avoir sous les yeux l'image, la représentation codifiée de la Passion, des martyrs, de la douleur. L'image n'est pas que l'image, et derrière elle il y a aussi Dieu ou ce qui ne peut plus être nommé.* La dernière image, et en même temps la première image possible, c'est la crucifixion.

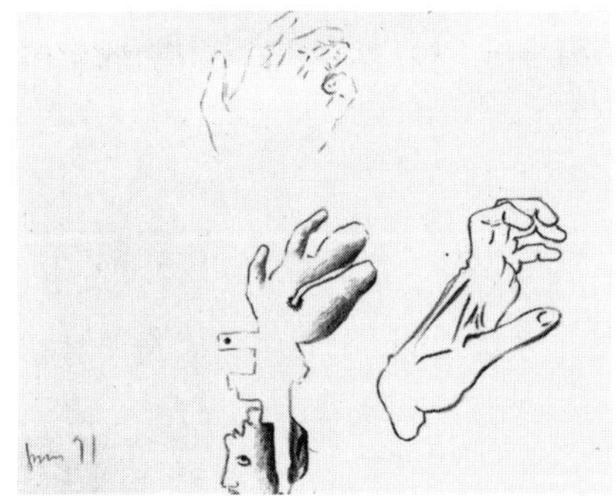

Carnet 3

Maçons espagnols : Christ des maçons espagnols, fait d'une taloche. Voir Picasso.

Main : Elle est l'instrument de la peinture, celle qui dessine ou incise, l'articulation entre le corps du peintre et le tableau. Dans la crucifixion, c'est elle qui dit, dans sa crispation, la douleur. Les mains et les pieds sont pour J.M. Alberola l'essentiel du corps, celui du

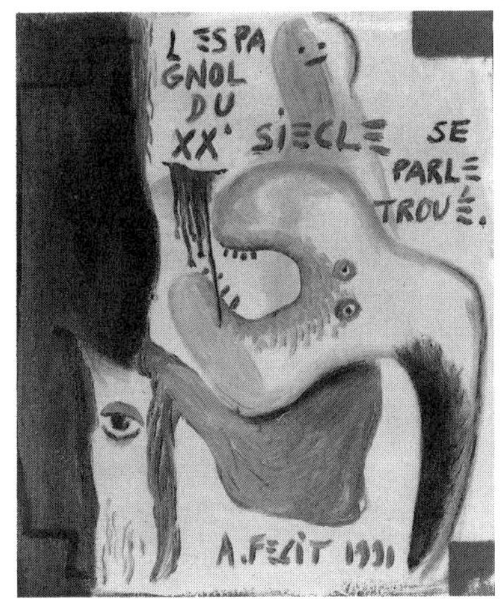

60

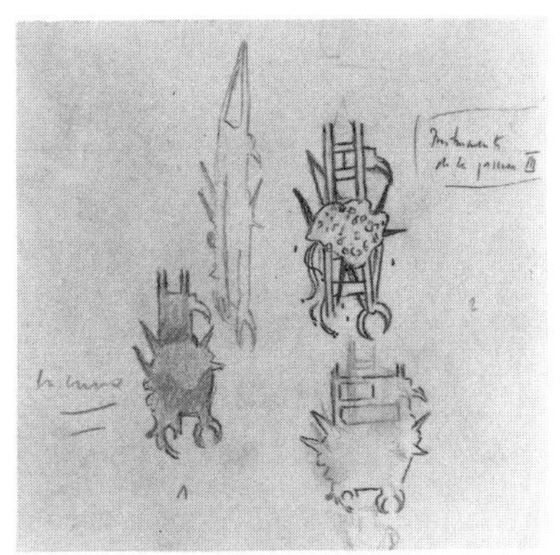

70

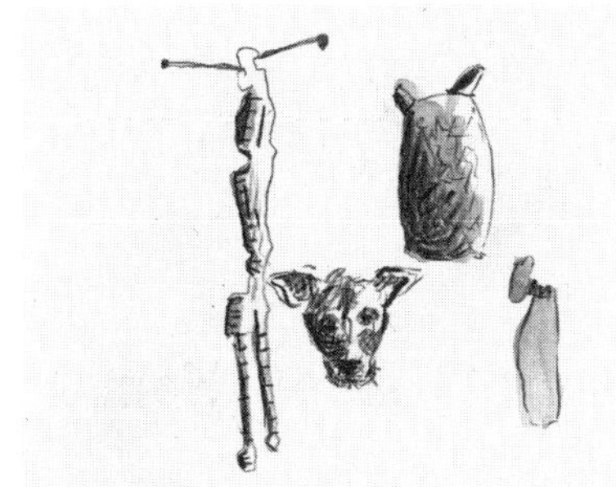

Carnet 4

crucifié comme le sien, car c'est ce qu'il voit le mieux. L'oeil est dans la main, il ne s'agit plus de savoir lequel suit l'autre.

Marie : *Une image qui a eu cours, une image épuisée et qui serait l'image de la Vierge Marie ou du Christ ou les deux.* Finalement, Marie n'apparaît dans aucune des études de crucifixion. Sans doute parce que Marie n'est pas un attribut, mais un nom propre.

Marie-Madeleine : Une manche brodée et un pied, ailleurs un flacon de parfum. Elle est au pied de la croix, baise et essuie les pieds du Seigneur : *les pieds sont Marie-Madeleine.*

Mélange : *Tout se mélange et tout peut se mélanger.* La vue, la vie, la ville, la crucifixion, la peinture, la mythologie, *ce qui m'arrive.*

Monochrome : *Comment faire disparaître l'absurdité du monochrome comme oeuvre d'art ? L'essentiel d'une figure.* Le monochrome est une paroi.

Morsure : La bouche dentée, *vagina dentata,* vient de la crucifixion de Picasso. C'est le cri de souffrance ou d'hystérie des femmes. Picasso peint ce qui lui arrive dans la vie, et mélange tout dans ses tableaux. La crucifixion de 1930 est un puzzle fait de toutes les images antérieures et de toutes les images à venir.

Naples : *Aller à Naples pour faire quatre grands dessins de ce qui serait un espace troué, d'où sortiraient les fruits d'un déplacement dans le Grand Nord.* C'est à Naples, en effet, qu'eut lieu la première apparition du corps du Christ ; Jean-Michel Alberola y présenta l'exposition "De tous les saints" (1986) et enfin il y exposa pour la première fois les quatre grands christs à la galerie Trisorio.

Nom : Au commencement était le Verbe. Le Verbe s'est fait chair. Il fallait que le peintre retrouve son nom et son prénom. *L'enfouissement de l'histoire d'Actéon sous la terre de Finlande. Aller à Naples pour voir surgir l'une des pointes de ce qui reste. Fecit. Dixit. Invenit et la date. L'initiale apparaît et la suite suivra. Le ciel arrive.*

Nord : *Le Grand Midi exprimant sa gratitude au Grand Nord.*

Oeil : *C'est toujours la main qui suit l'oeil.* Voir Pied, Main.

Os : A l'inverse de Picasso, Alberola est plus intéressé par la peau et la chair que par les os. On n'en trouve qu'un dans tous les dessins.

Passion : *Pourquoi souffre-t-il ? Pour nous et nous ne voyons rien. Il faut donc montrer un corps écartelé, POUR QUE CELA SE VOIE !* Les instruments de la Passion, échelle, clous, couronne d'épines, tenailles figurent dans deux dessins. Pour J.M. Alberola, ils sont devenus le gant ou la pique du picador. Peindre la Passion, c'est la vivre, le profane rejoint le sacré. *L'invention du corps de la peinture se ferait dès lors par étapes, par à-coups, en vain, parce qu'on ne pourrait presque plus donner l'équivalent de sa Douleur, en pensant à Lui, à sa mort, en criant.*

Peau : *Une préface. Il y a dans ce corps quelque chose que nous savons. La Peau . Une soie. Cela s'accroche et cela se tend, cela se tire derrière un châssis.* La toile est une peau tendue.

Peinture : Voir Catholique.

Picasso : *L'espagnol du XXe siècle se parle troué. L'espagnol de Malaga a été mordu. L'espagnol de celui qui rit dit : "Il crie, je le peins."*

Pied : Bon pied, bon oeil ; ou mauvais pied, mauvais oeil. *Les pieds de Dieu se tordent de douleur, se déforment et provoquent des monstres.* Une pierre en forme de pied sert, avec le gant, de modèle. La bouche dentée est dans les pieds, car ce sont eux qui crient. Dans un dessin, les doigts des pieds et les dents de la bouche sont juxtaposés.

Sac : Le corps du Christ est un sac de chair suspendu par des clous, un pied qui pend.

Sang : *La religion catholique est une religion qui est basée sur le sang, l'observation du sang, l'eau en vin, le vin en sang, le sang en eau. C'est la transsubstantiation.*

Sève : *La sève monte contrairement à la chute des corps. Le sang tourne tout le temps. La sève est la chute en même temps, qui s'envole, qui est gaie comme un pinson.* Circulation des liquides, dans deux des grands christs de Naples figure une tige avec des fleurs et des feuilles. Le corps s'efface et le sang répandu redonne la vie. La croix est aussi l'arbre de vie.

Trou : Trous des clous, de la peau, de la toile transpercée par la corne du taureau ou la corne d'Actéon. Traverser le mur de la peinture pour trouver ce qu'il y a derrière. Peindre pour boucher le trou

Carnet 5

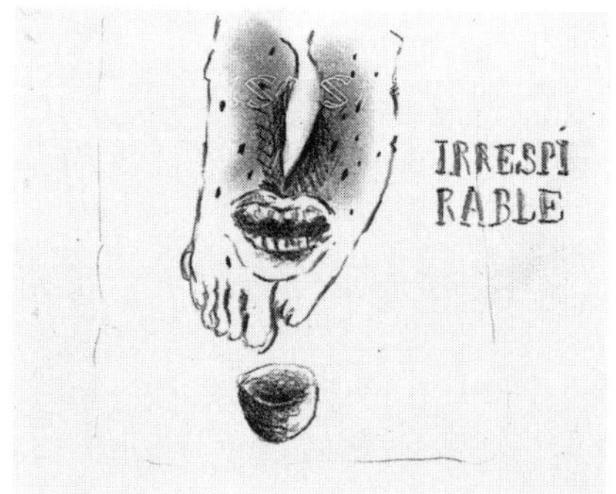

Carnet 4

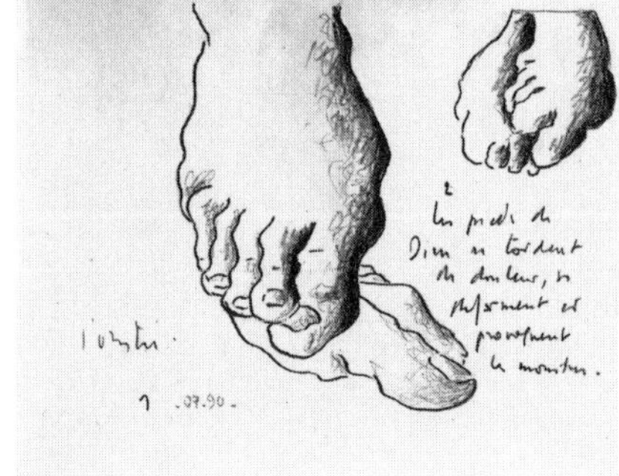

Carnet 3

Pierre en forme de pied

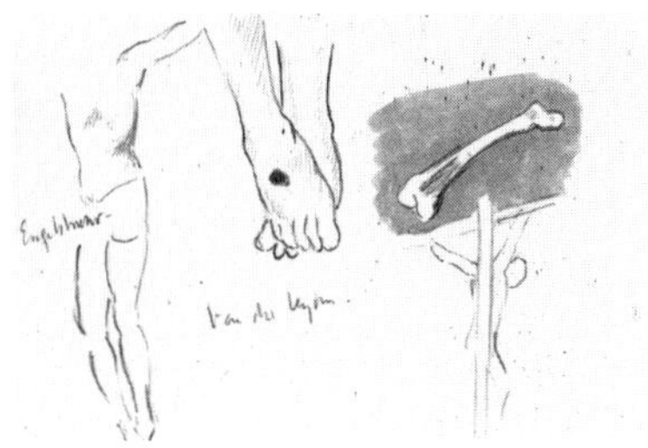

Carnet 2

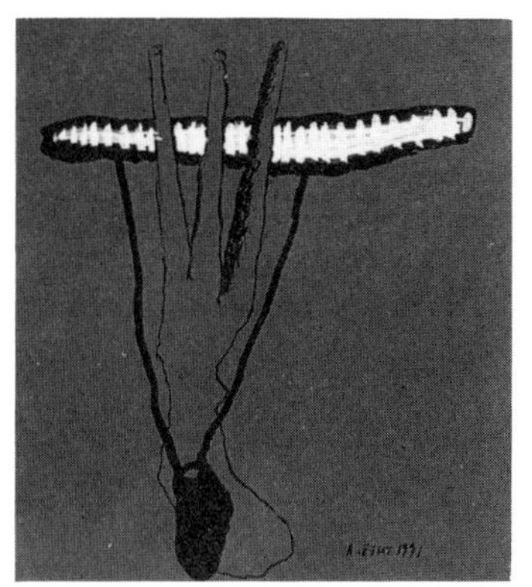

52

sans fond du tableau. J.M. Alberola cherche à faire des espaces troués afin de faire respirer la peinture. "Quoique radicalement nihiliste, je ne désespère pas de trouver la porte de sortie, creuser le trou qui mène à quelque chose." (F.Nietzsche)

Verbe : Le Christ est le Verbe fait chair. Le tableau, pour lui, est une incarnation. L'art de J.M. Alberola est entre parole et peinture, l'une nourrissant l'autre. Voir Nom/Prénom.

Visage : Le visage du Christ n'est jamais représenté. Il disparaît dans l'ombre, ou dans le gant. Apparaissent dans les carnets et les dessins des demi-visages suturés, avec un oeil, visages de souffrance ou bien des double-profils accolés, ceux des deux femmes (la Vierge Marie et Marie-Madeleine), qui forment une image monstrueuse. La Sainte Face ne peut être vue. Ce qui nous fait face, c'est la peinture. Le seul visage reconnaissable est celui du peintre : un autoportrait dessiné sur le torse du Christ et imbriqué à une coupe et à un index.

Voile : Voile de Véronique qui recueille l'empreinte du visage du Christ, geste fondateur de la peinture, première icône, première image sacrée.

73

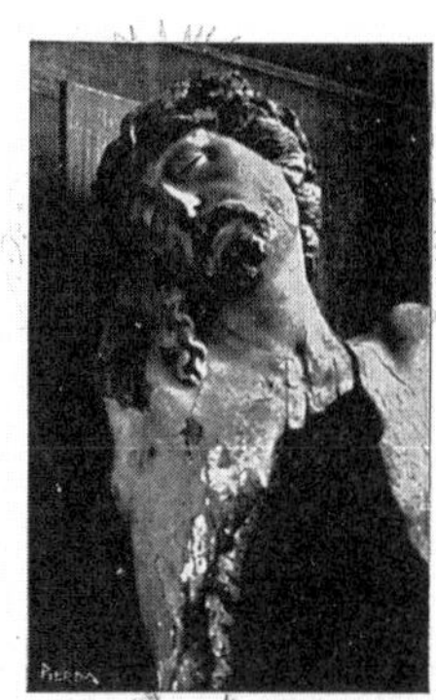

* Toutes les citations de Jean-Michel Alberola sont extraites des carnets de dessin réalisés entre Naples, Helsinki et la France en 1989 et 1991, ainsi que d'interviews de D.Davvetas en 1985 et I. Leeber en 1990.

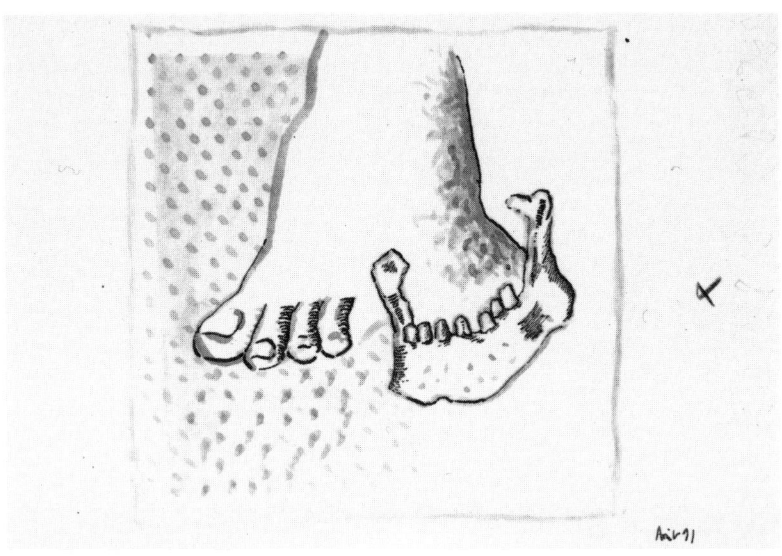

Carnet 6

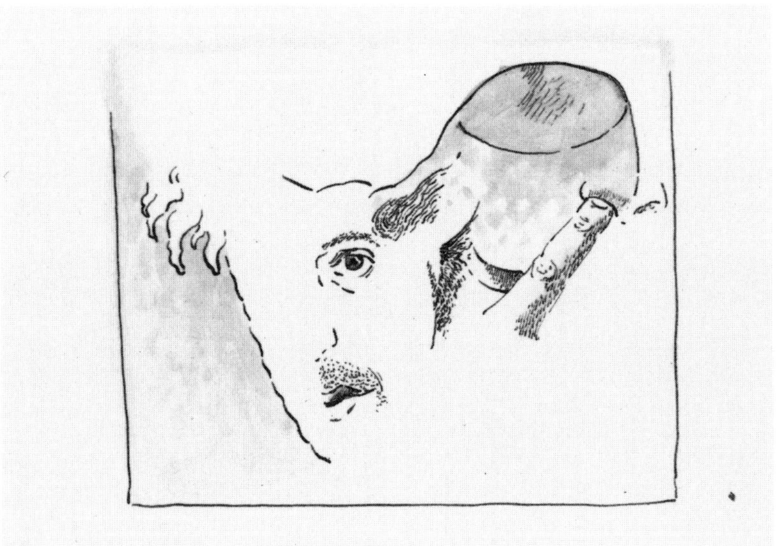

Carnet 6

Carnet bleu

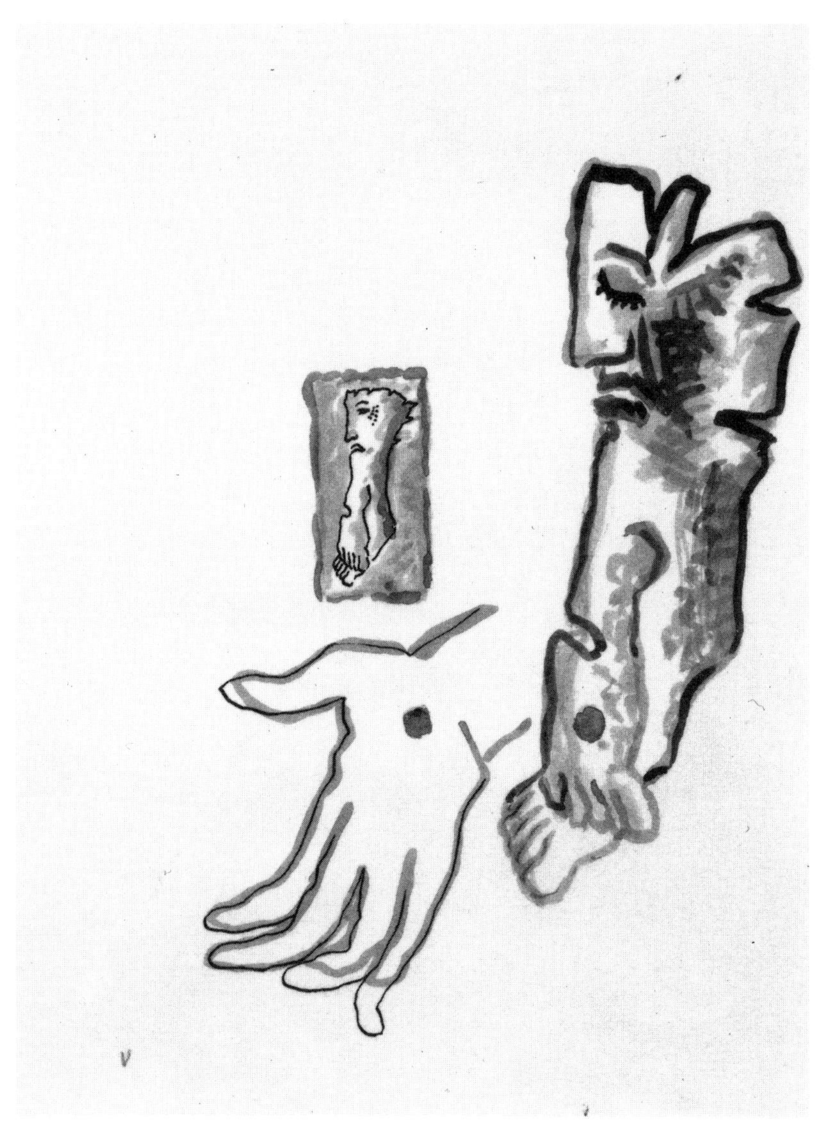

VII

VIII

IX

XII

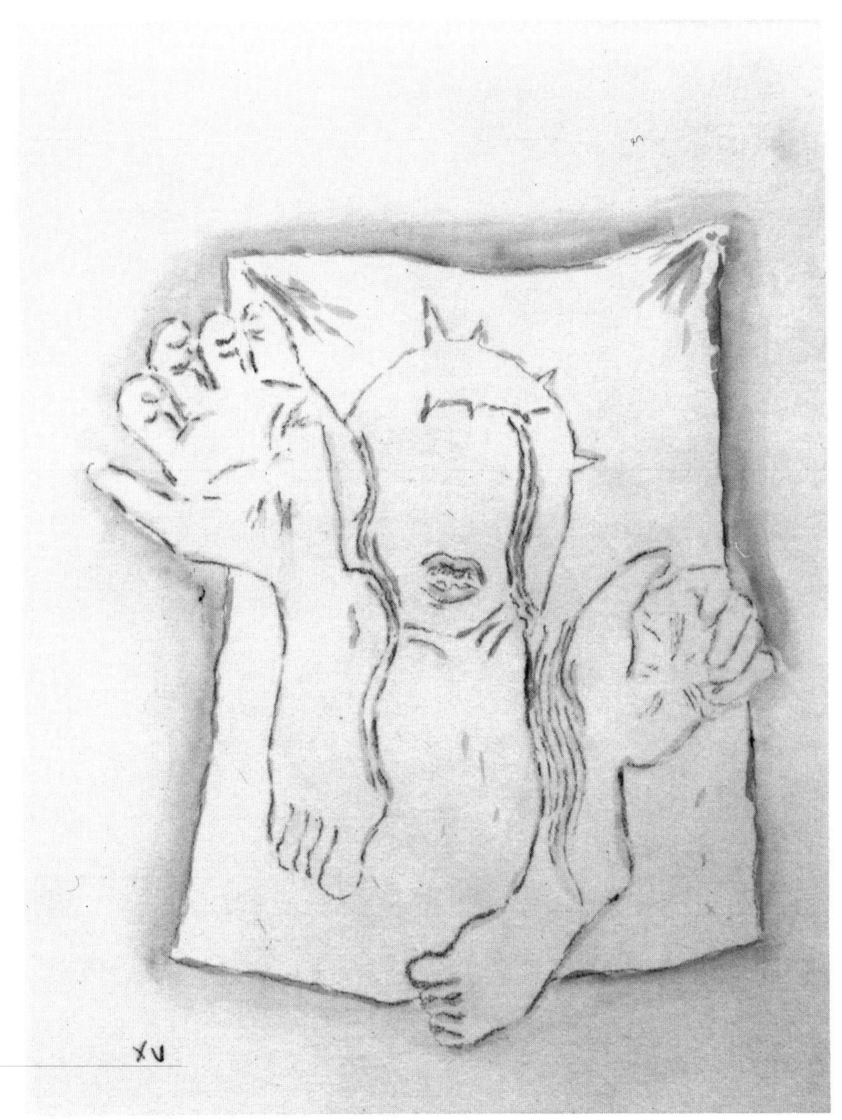
XV

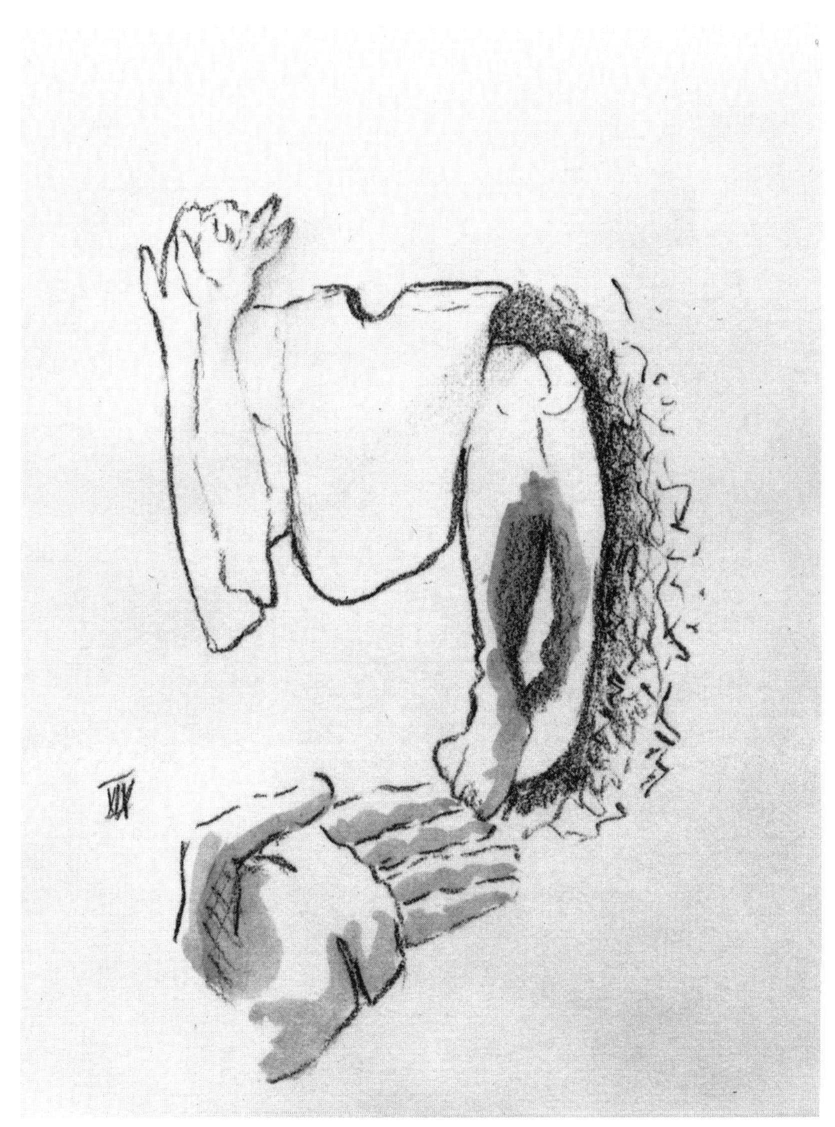

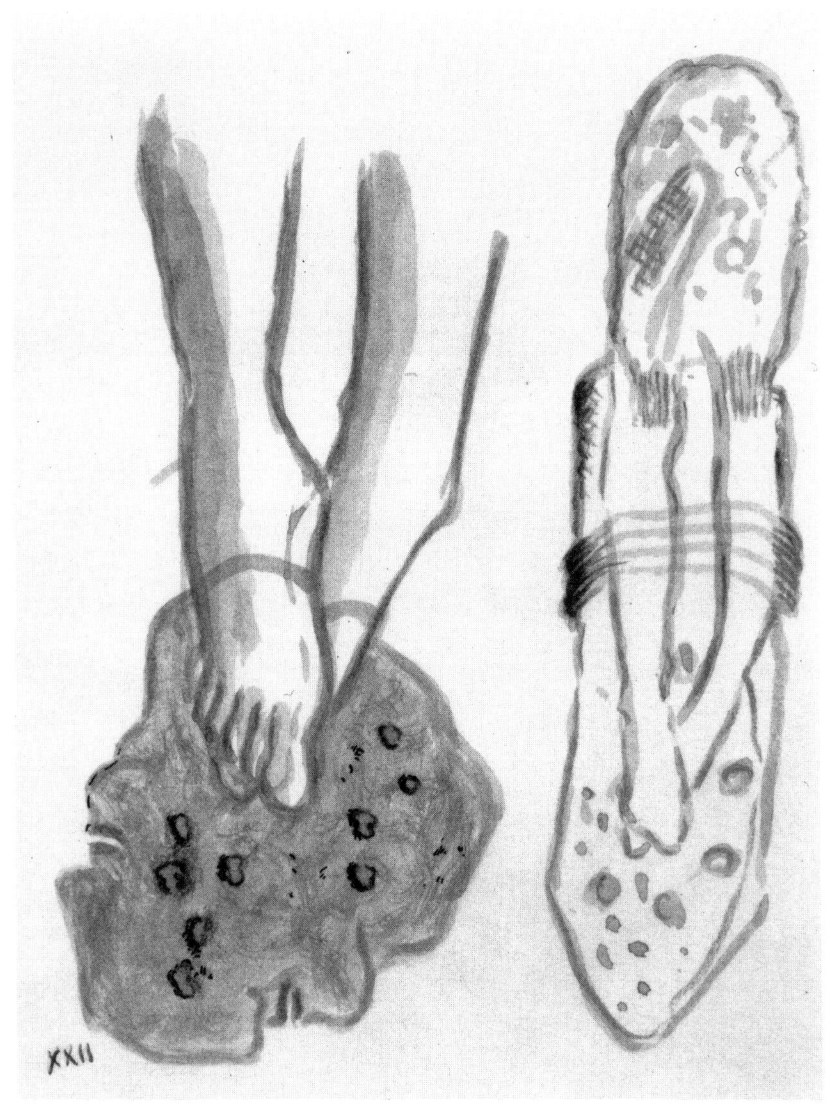
XXII

ECTO
PLAS
ME de
La
PIÉTA
D'AVIGNON.
XXIII

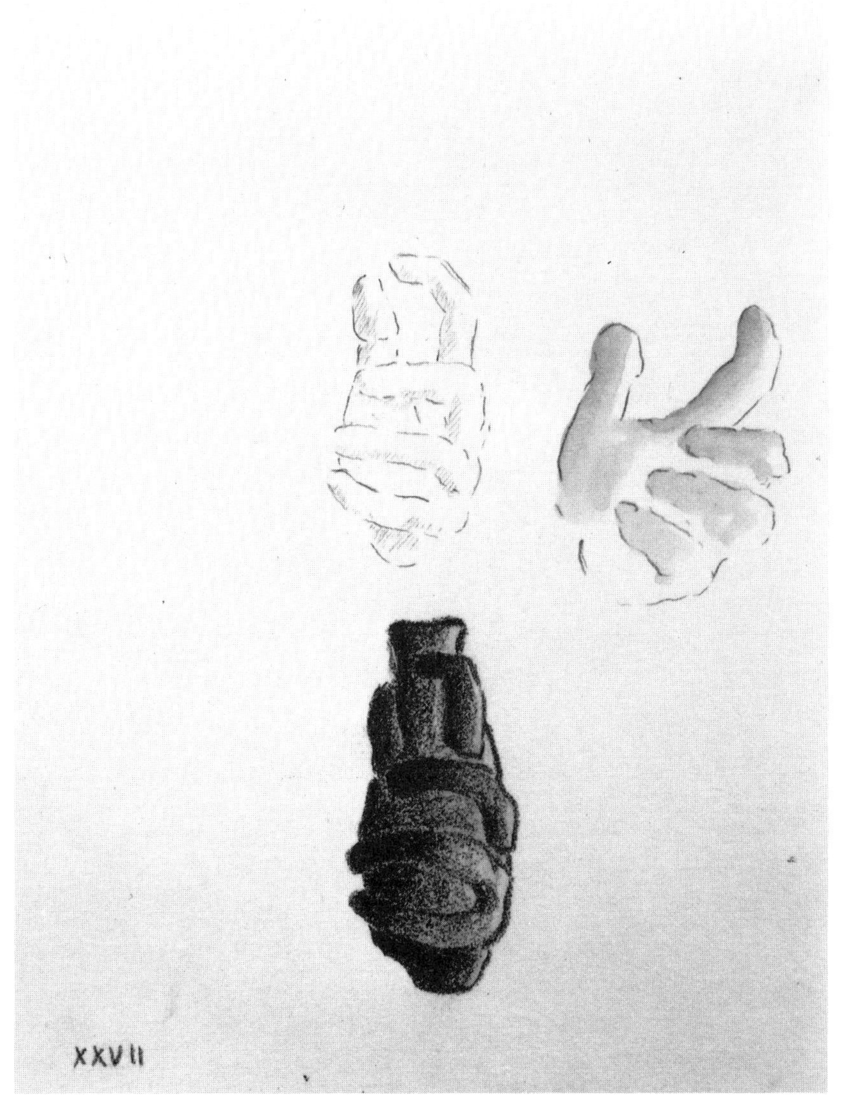
XXVII

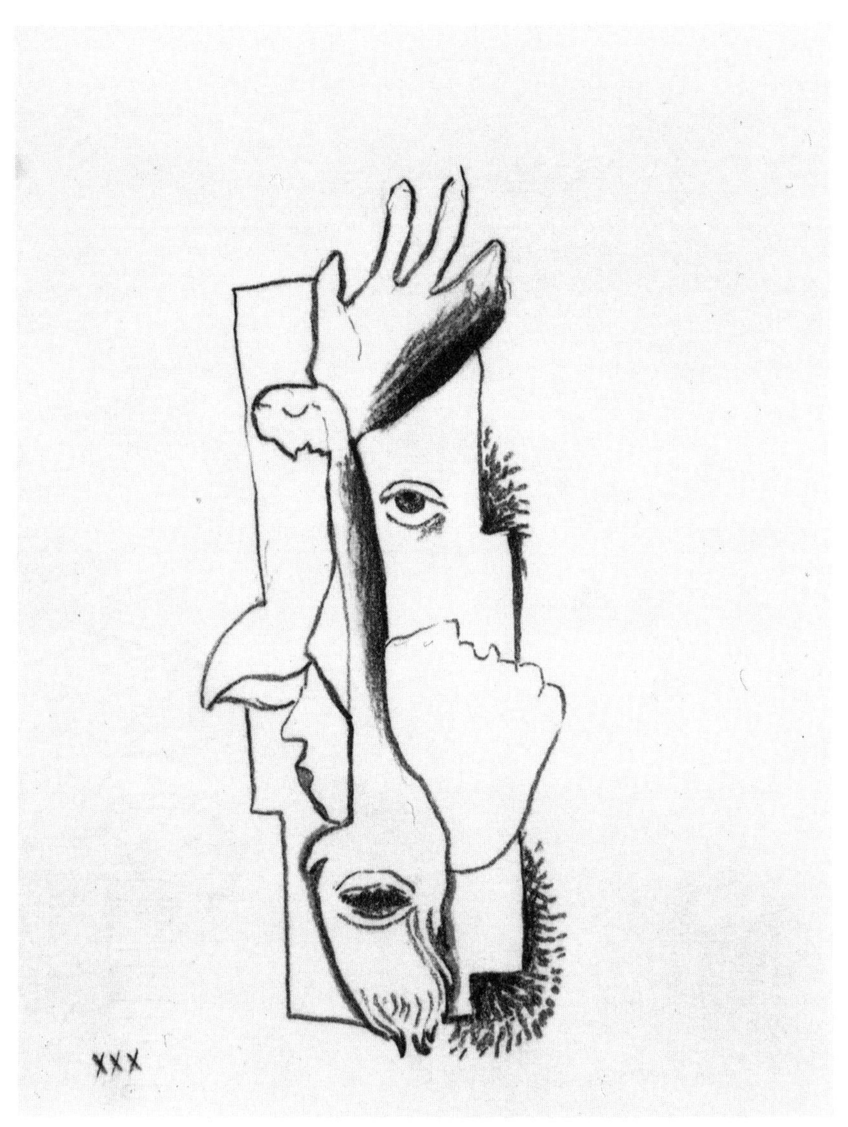
XXX

Etudier le corps du Christ 1985 -1991

12

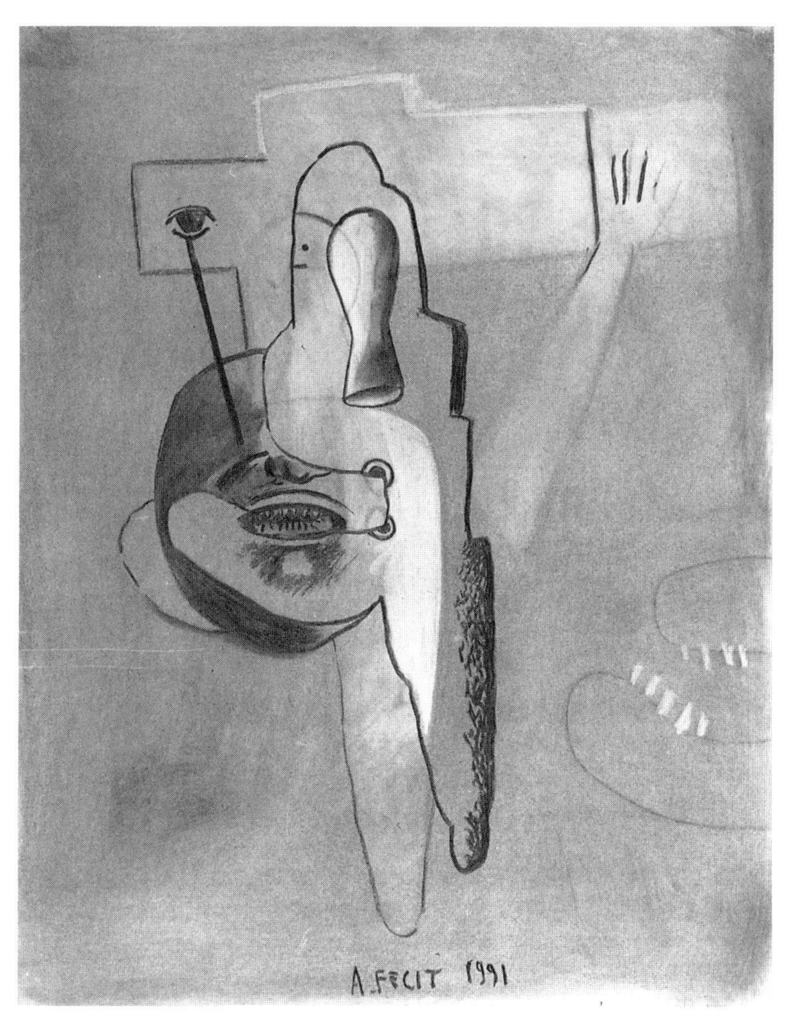
A.FECIT 1991

33

38

32

19

18

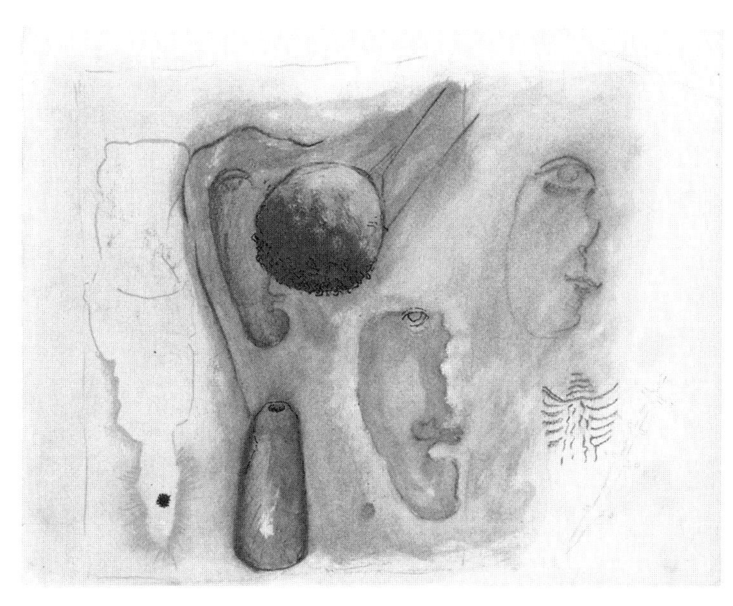

30

28

29

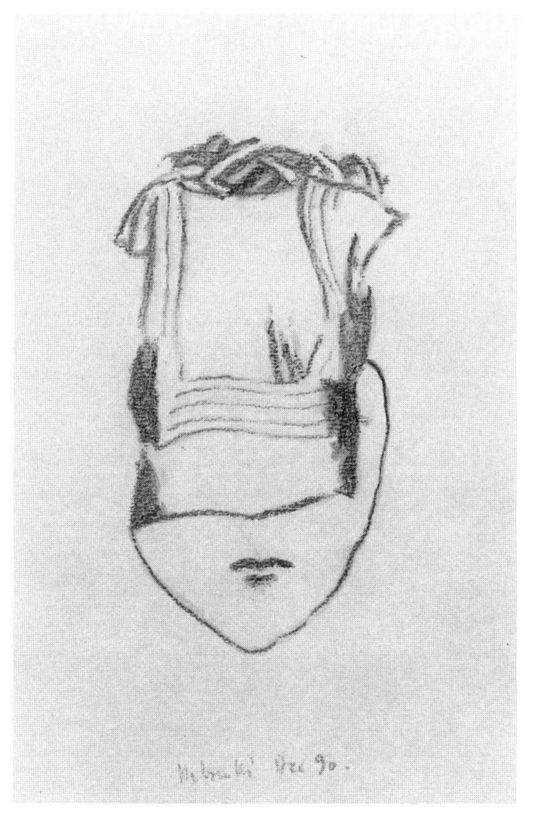

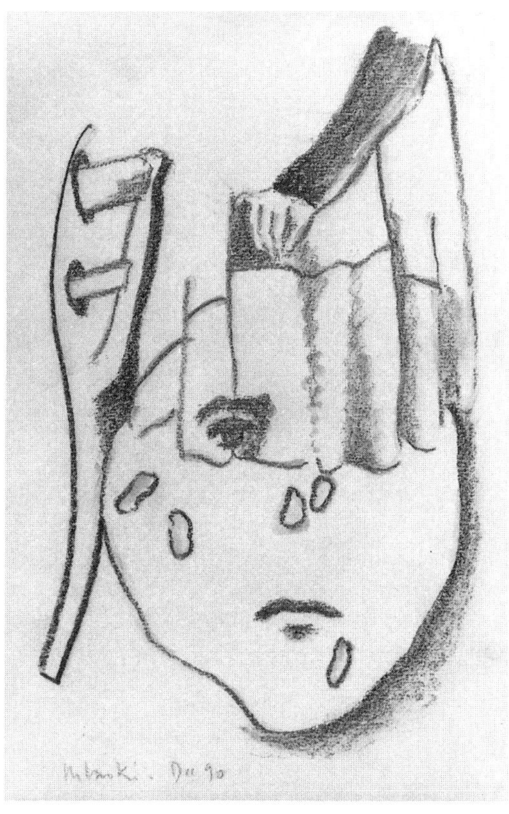

25

24

16

26

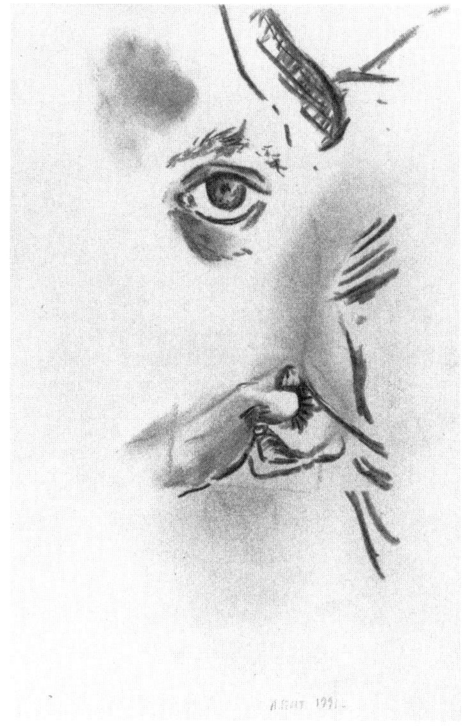

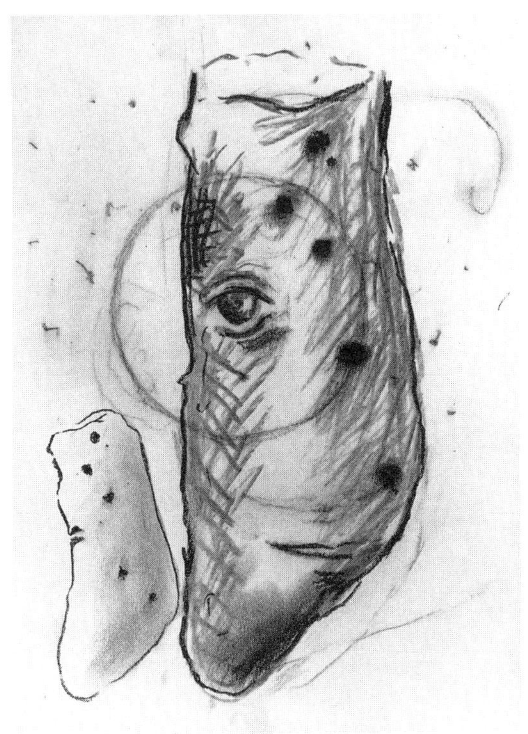

A. FECIT 1990.

6

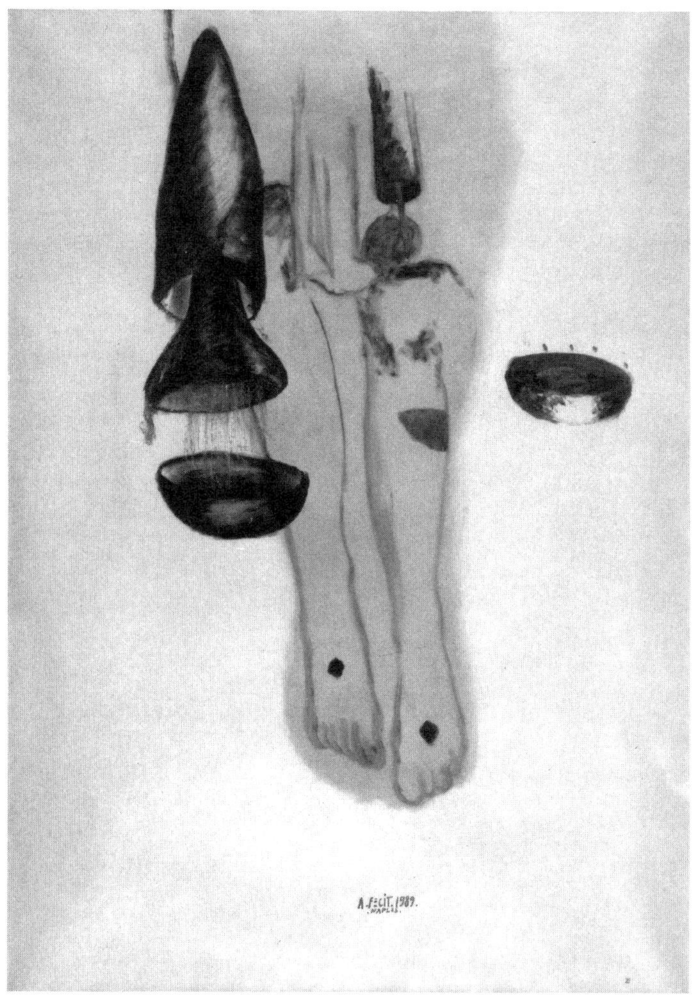

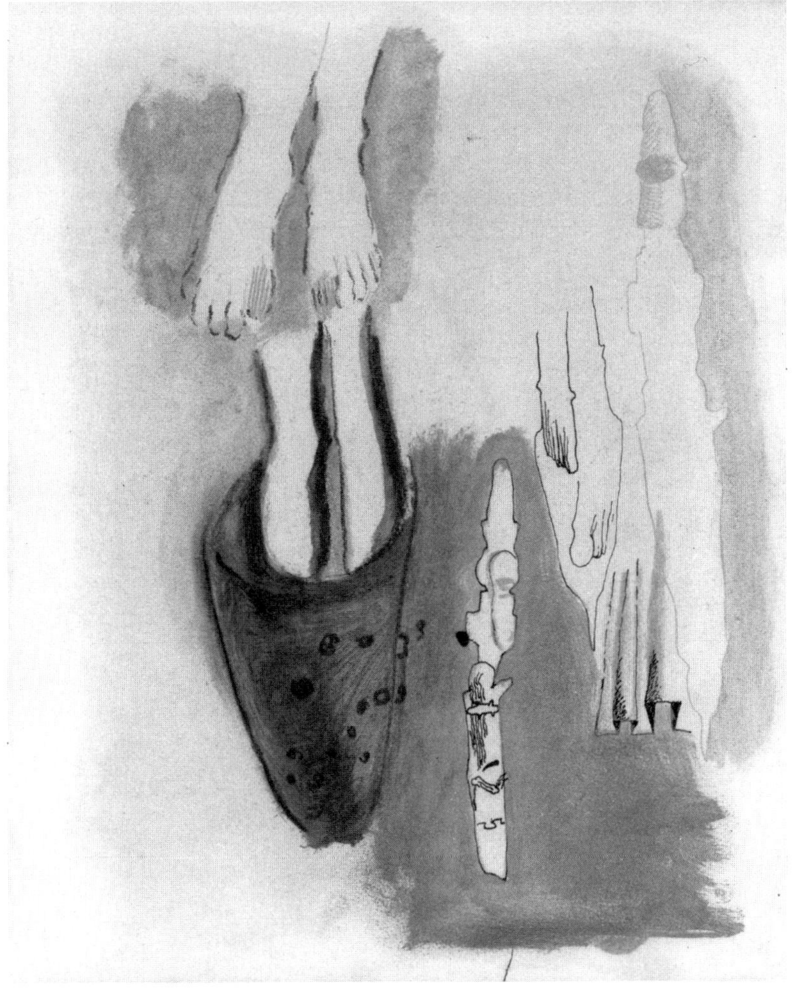

21

34

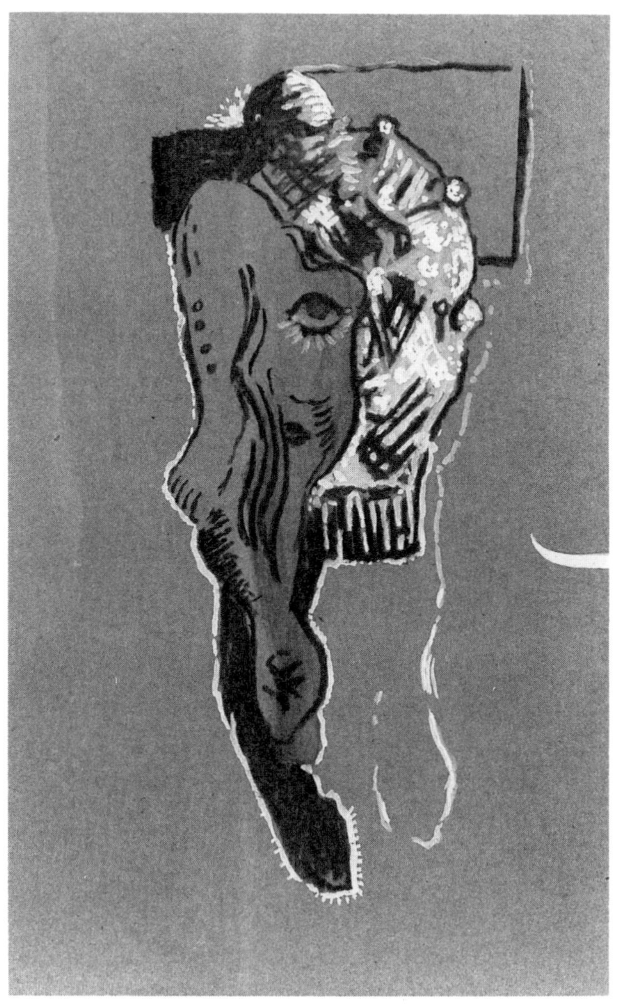

51

1

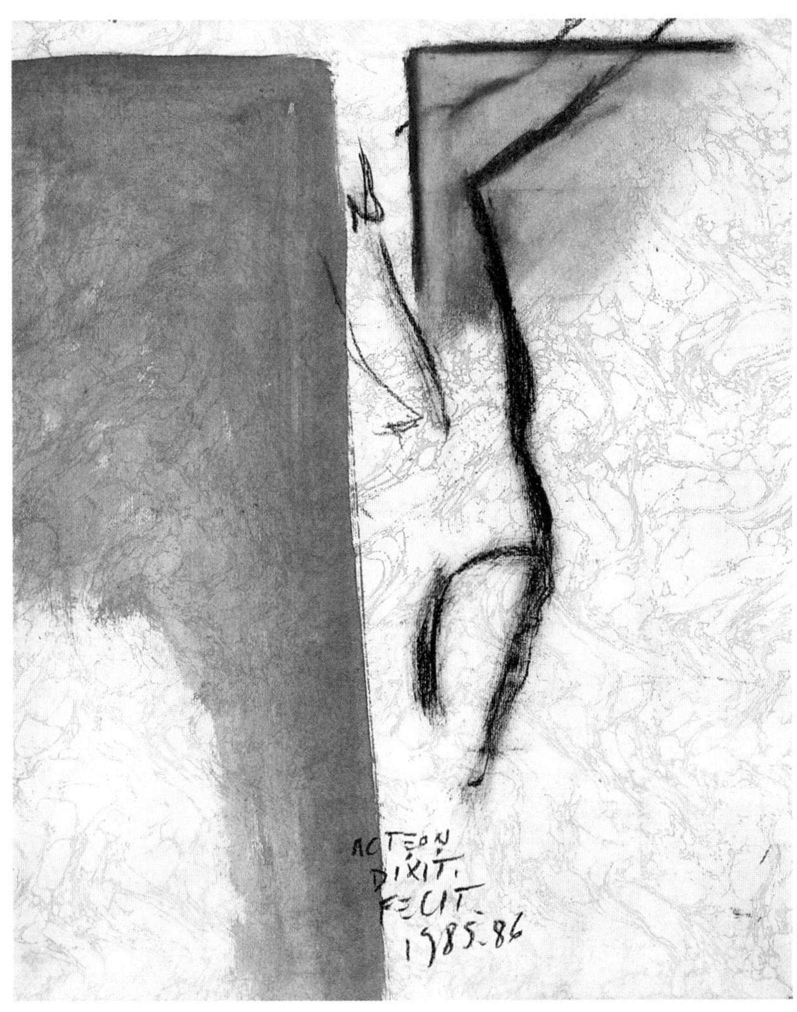
ACTEON
DIXIT.
FECIT.
1985.86

4

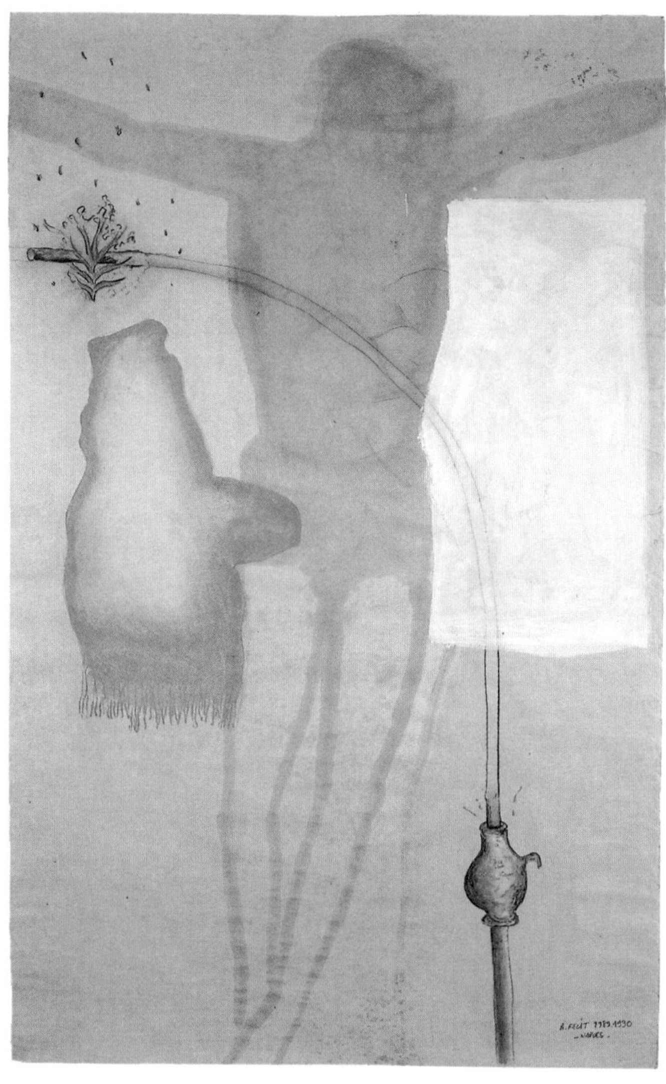

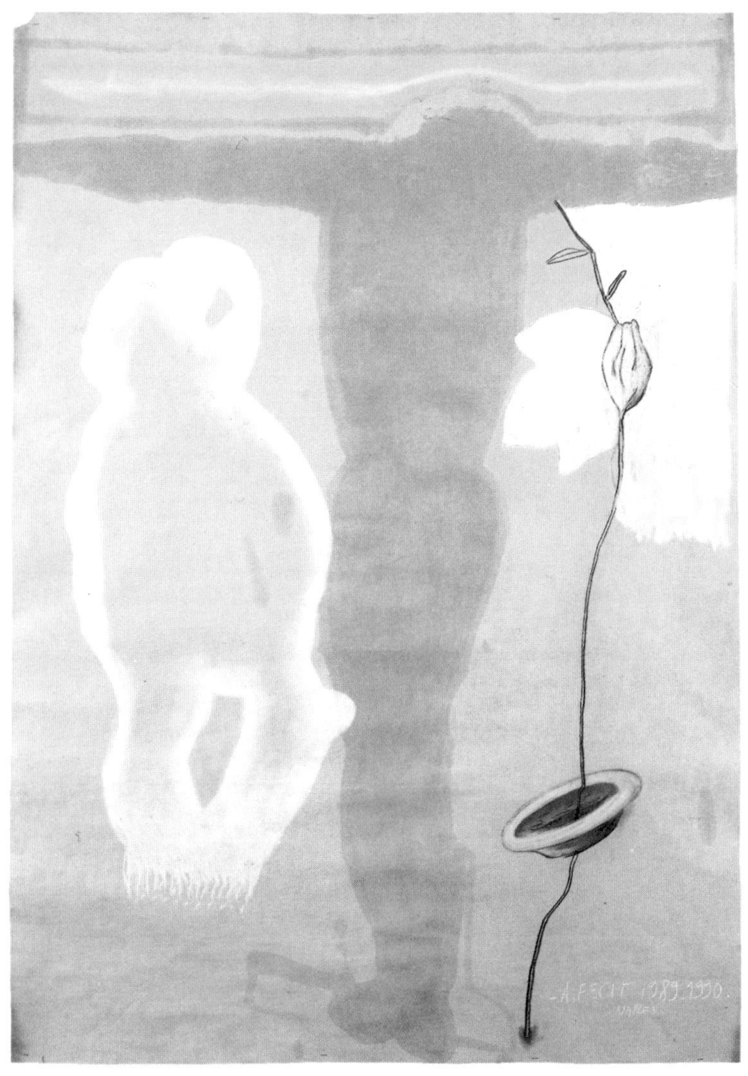

5

3

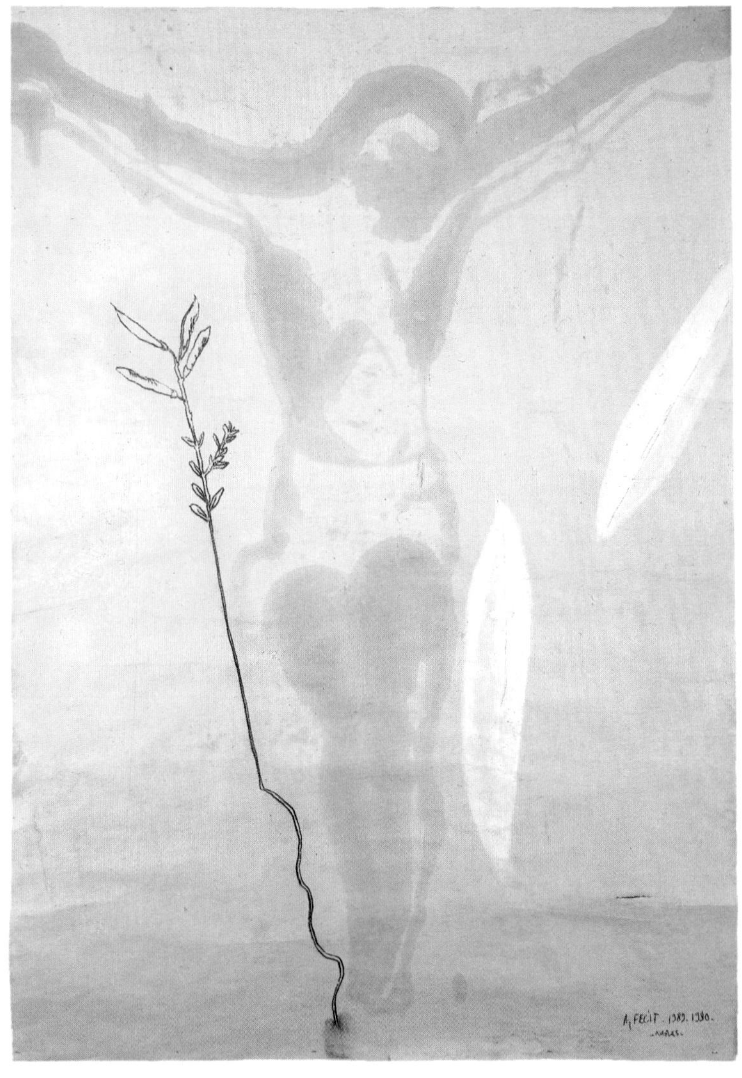

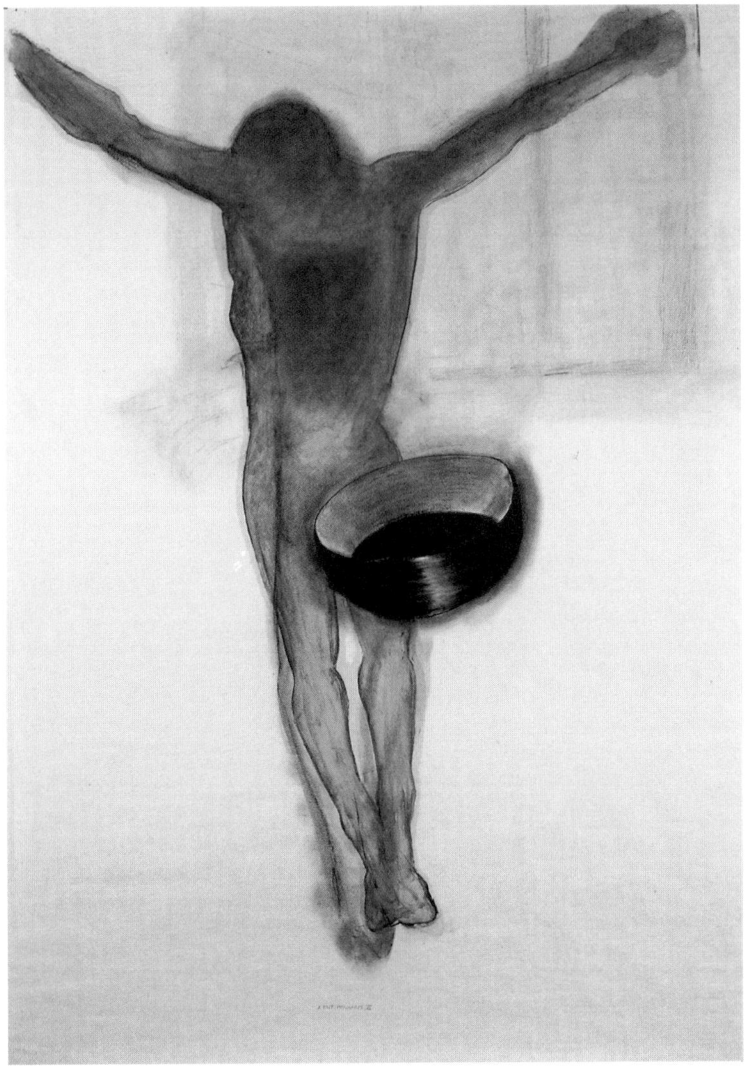

2

27

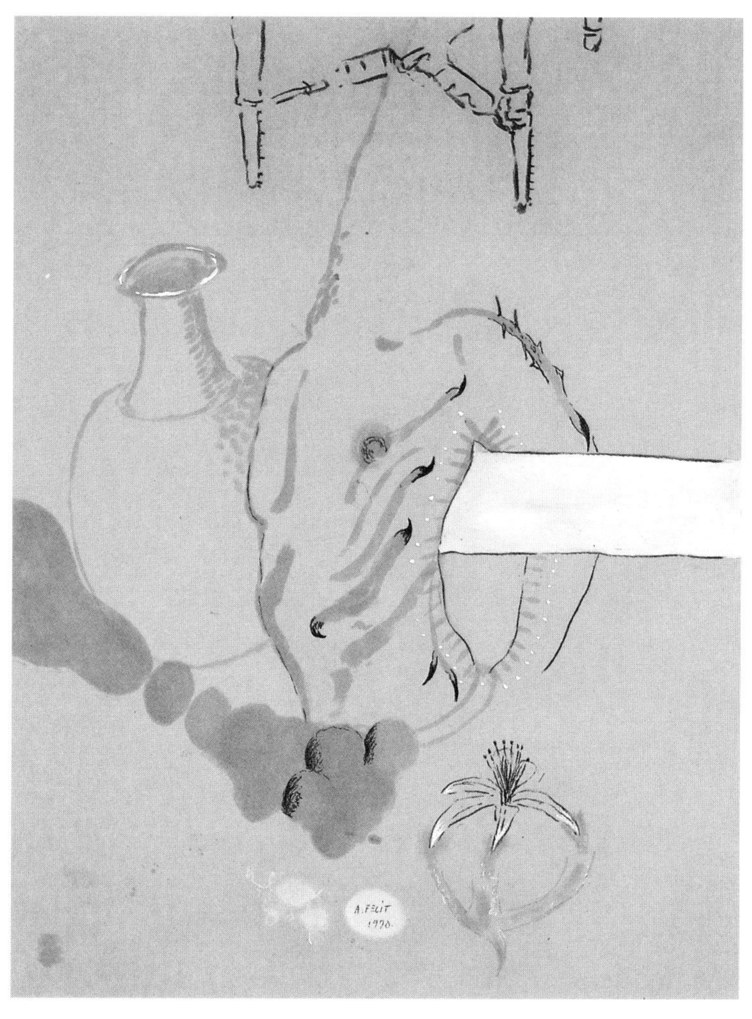

11

14

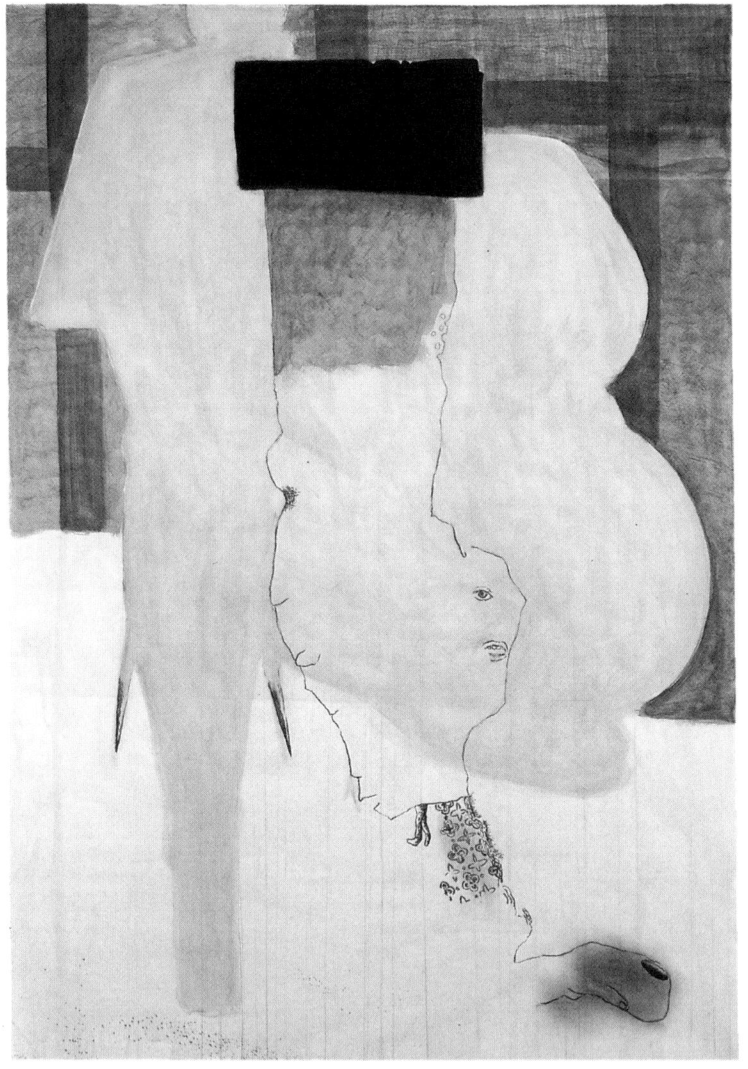

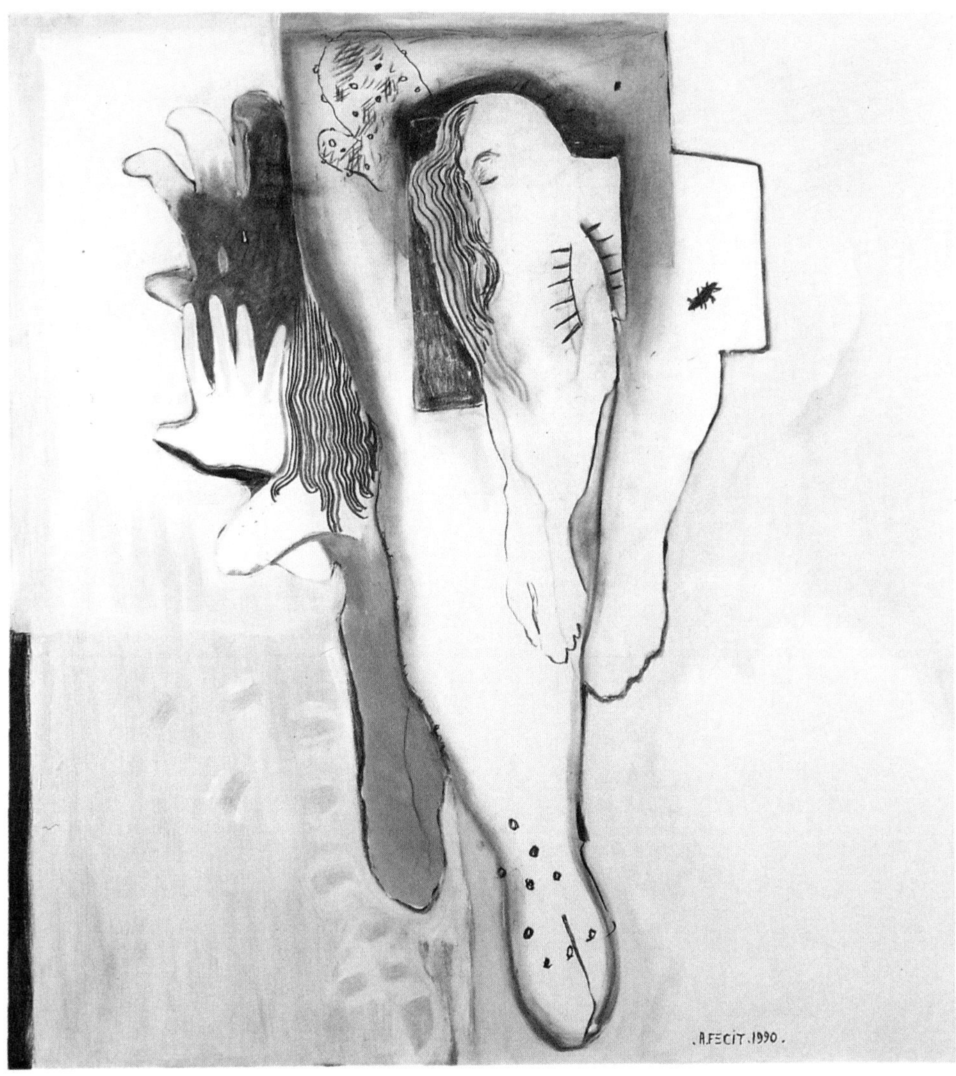

13

9

7

8

44

53

55

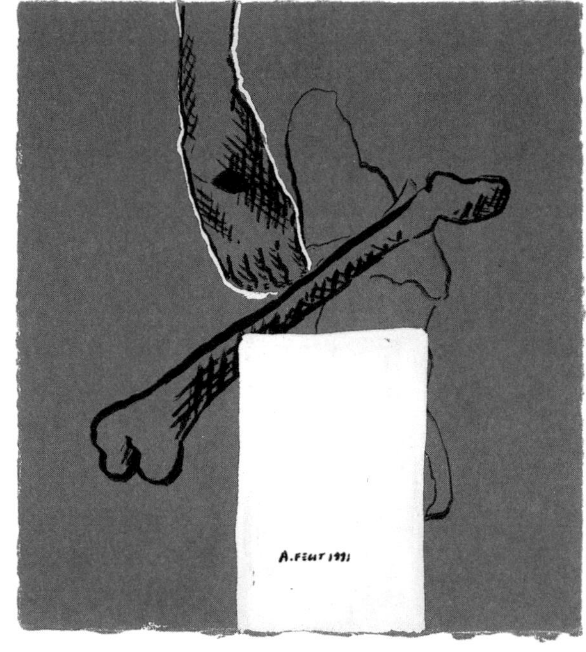

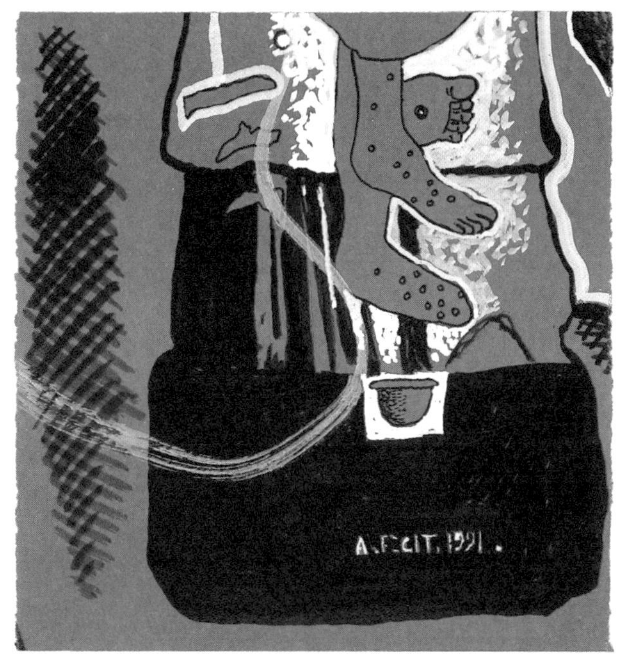
A.FECIT.1991.

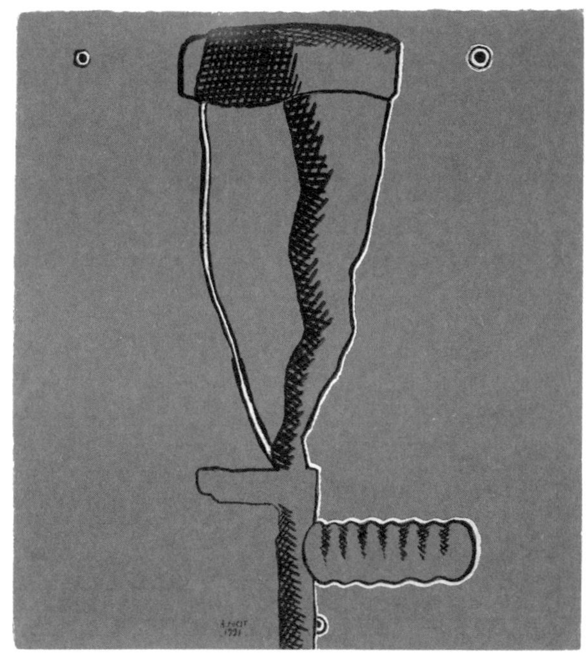

46

43

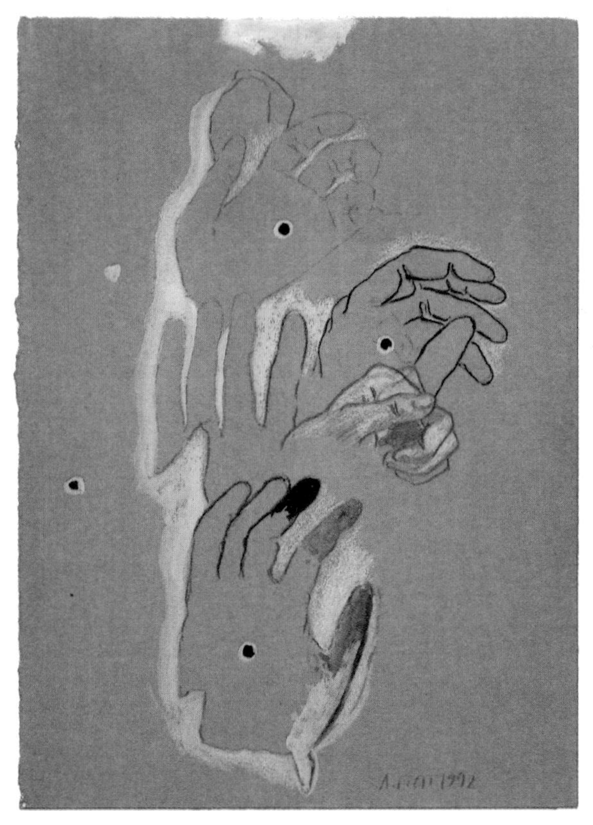

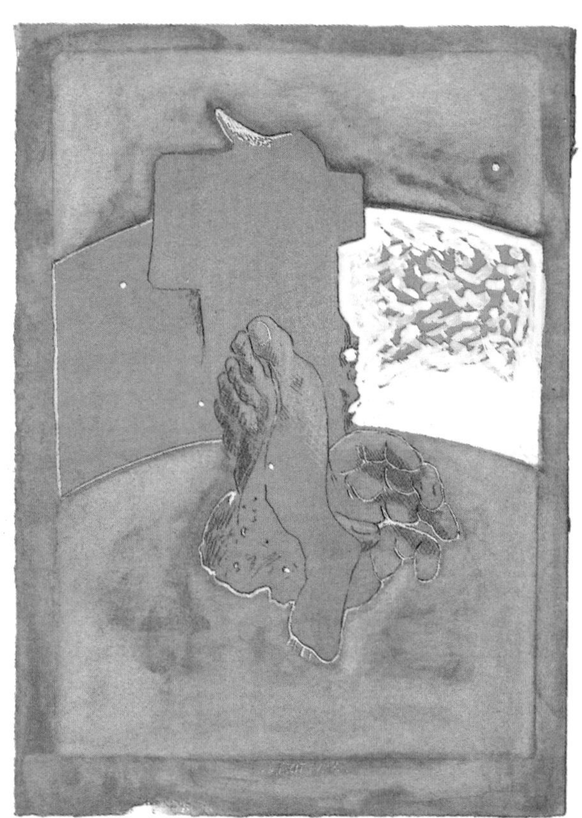

50

48

42

49

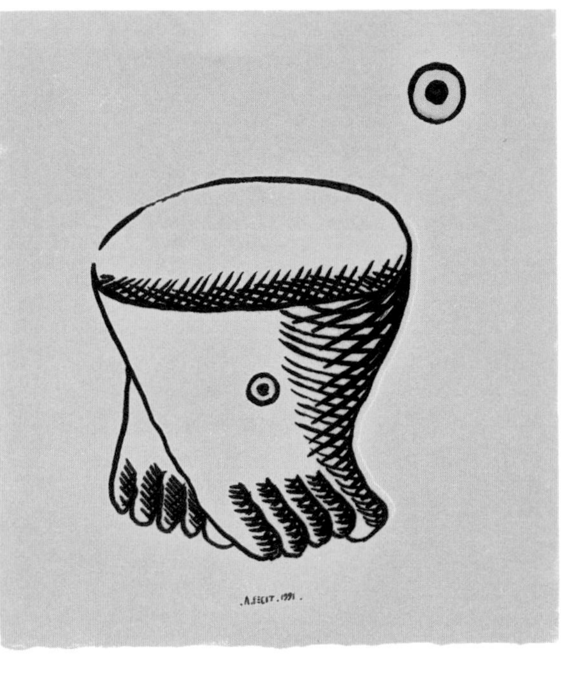

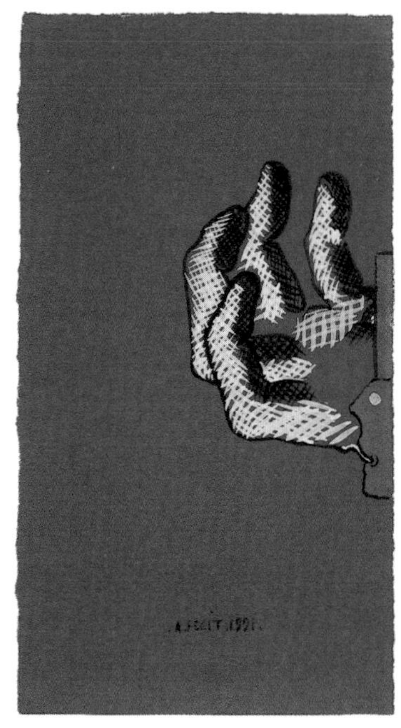

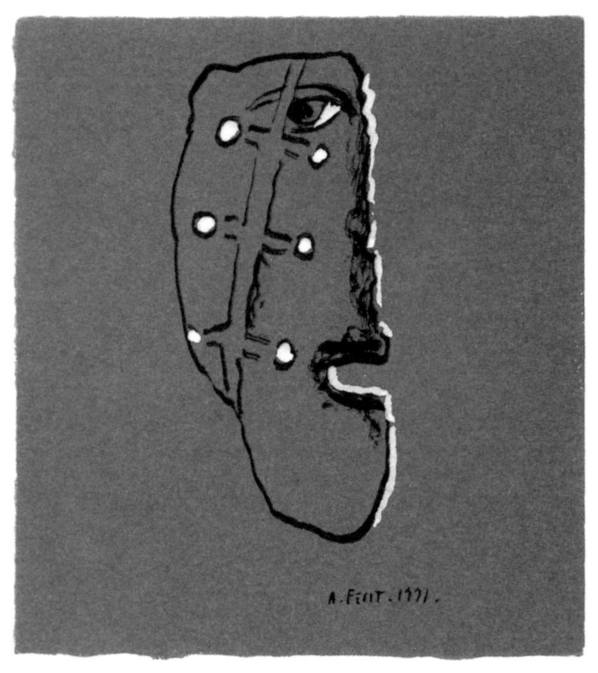

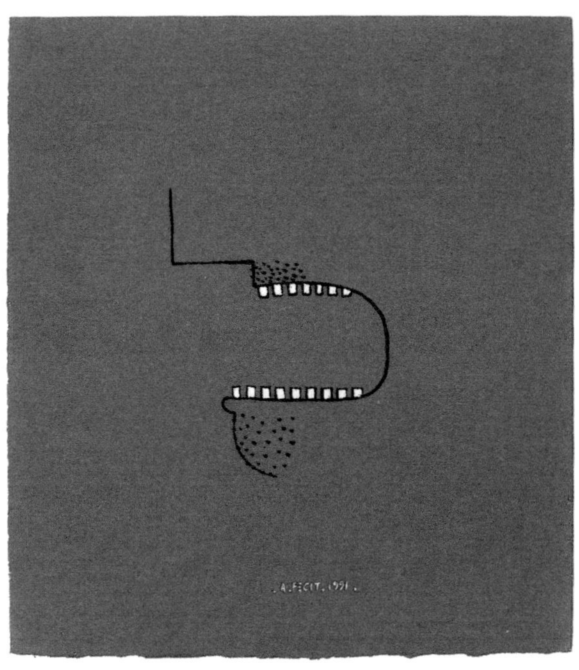

74

75

15

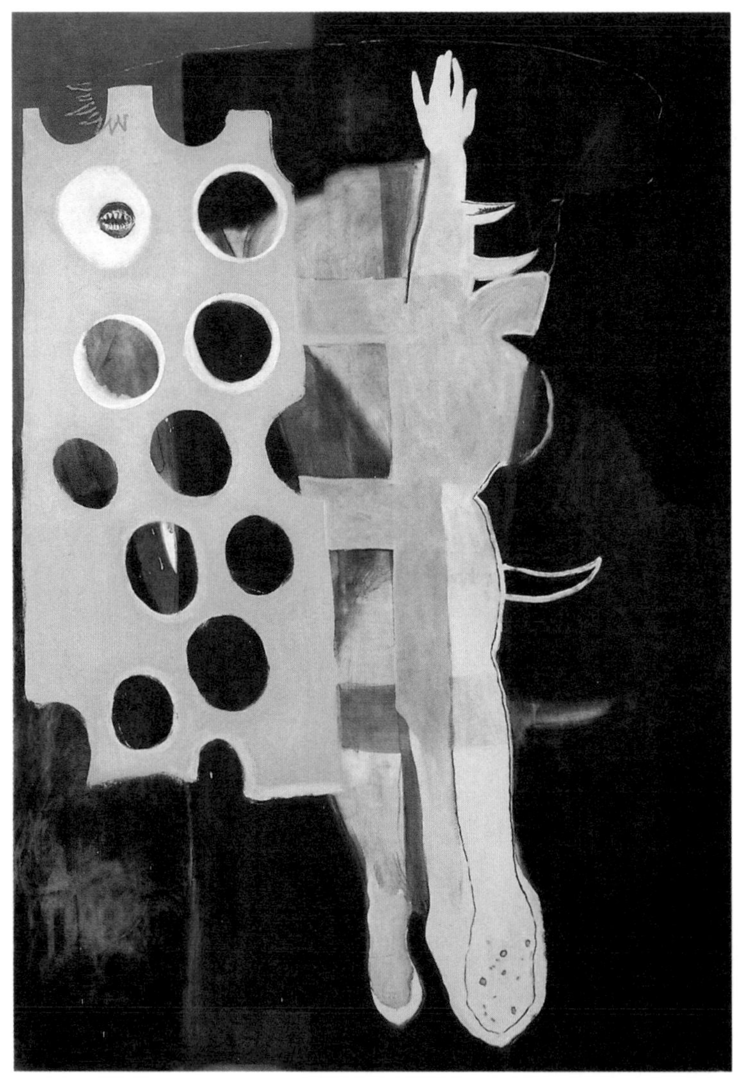

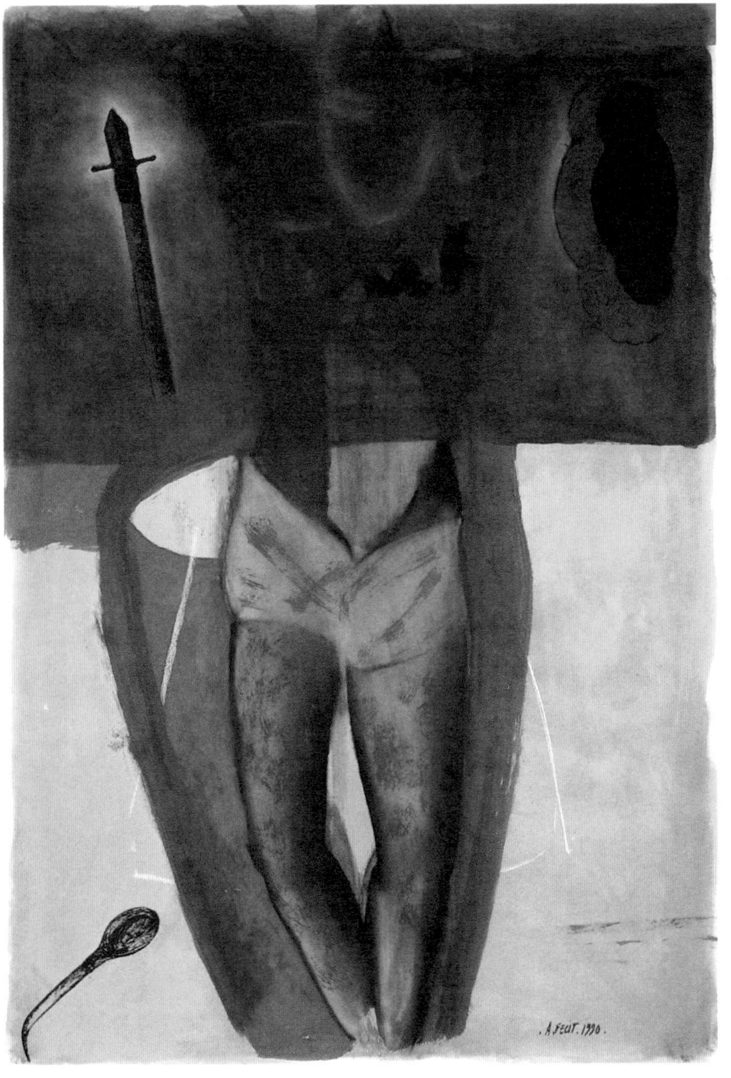

10

63

Entretien avec Jean-Michel Alberola

par Ann Hindry

Comment situez-vous votre pratique du dessin par rapport à votre œuvre picturale ?

Le dessin n'a pas de rapport avec la peinture, il se situe sur un autre mode. Quand je suis dans la peinture, je suis dans quelque chose qui est du côté du cadavre, de la putréfaction, du côté du sang aussi. L'huile est une matière imprévue, curieuse, qui se coagule comme le sang. La peinture, c'est de la peau. Le dessin, lui, est de l'ordre de la pensée. Je pense en dessinant. De la même façon que l'on dit "Il écrit comme il parle", je dessine comme je pense. Si j'essaie de transporter un dessin dans une toile, il sera forcément très différent de ce qu'il était au départ. Il va, disons, se gonfler d'un événement personnel.

Diriez-vous que les dessins sont toujours spontanés, par rapport à une confrontation plus douloureuse à la peinture ?

Non, cela dépend. Parfois c'est totalement libre et parfois survient une décision de dire la douleur, et le dessin va alors se "trouer" d'une forme que je vais laisser ainsi, dessinée trouée. Et puis, il peut arriver qu'au bout de six mois, je sois en train de regarder une peinture et je me dise que c'est de cette forme-là que j'ai besoin, alors je la prends. C'est une histoire de charge. De plus en plus, je pense que la peinture ne se situe que dans le temps, dans l'épaisseur de temps que l'on met pour constituer un tableau. Si je mets deux ans pour faire une peinture, on peut considérer qu'il y a deux ans de strates là-dessous. Ces strates viennent de mes visites quotidiennes au Louvre, de ce qui m'arrive dans la vie, de mon silence, de ma sauvagerie, de ma nuit, etc... Tout cela s'entasse. Quand je commence une peinture, c'est dur parce que je me dis que j'en prends pour au moins deux ans, alors qu'un dessin, c'est autre chose, c'est du côté de la légèreté.

Il y a quand même au moins deux catégories de dessins chez vous : les dessins-notations, ceux dont on peut dire qu'ils viennent illustrer le cours de la pensée, et puis il y a les travaux sur papier, qui sont plus élaborés...

Oui. Les "notes", les dessins qui sont du côté de la pensée, se situent dans la quotidienneté. Il y a un temps du dessin qui est à peu près de vingt-quatre heures. Ce sont les dessins sans souci pour ainsi dire. Et puis il y a les dessins plus élaborés sur lesquels je suis trois, quatre ou quinze jours au maximum et sur lesquels il y a un peu plus d'inquiétude parce qu'ils vont — au niveau du temps, pas au niveau de l'exécution — vers la peinture. La peinture, c'est vraiment une question de temps.

Peut-on dire que le dessin a moins d'attributs mortifères parce qu'il a l'intemporalité des choses plus cérébrales ?

Oui, le dessin est plus intellectuel. La peinture est métaphysique dans le sens où c'est une histoire de corps. Un dessin n'est jamais fait avec son corps. Quand je peins, c'est mon corps qui est atteint. Quand je mets quelque chose sur une peinture, c'est que je l'ai en moi,...donc en moins. C'est absolument direct. Et c'est pourquoi je dis toujours que lorsque je peins, je suis extrêmement bête. Le geste de poser le pinceau sur la toile se fait dans une situation d'idiotie absolue. On est intelligent avant, on est intelligent après mais au moment où l'on peint, on ne peut pas être dans l'intelligence, on est dans l'animalité. Et c'est à la fois intéressant et terrifiant de se dire que cette animalité n'advient que dans les circonstances extrêmes de la vie ; l'amour, la colère... on quitte l'intelligence, le contrôle. Bataille a parfaitement parlé de toutes ces choses-là. Cette notion de dépense doit être capitalisée dans la métaphysique.

Quand on est dans la réflexion et la pensée, on peut organiser un système. Lorsque l'on peint, c'est impossible — et là est la grande différence avec le dessin — tout vous échappe, c'est à un corps en face de soi que l'on est confronté. On est devant une chose vivante qu'il faut tuer. Tant qu'on ne l'a pas tuée, la peinture n'est pas finie. Quand on signe, c'est la mise à mort. Il s'agit en fait d'une activité cannibale, c'est de l'auto-cannibalisme. Une activité suicidaire.

Comment le sujet du travail advient-il ? Le travaillez-vous d'abord par le dessin et ensuite parfois en peinture ? ou bien le lien entre les deux n'est-il, là encore, pas pertinent ? Comment le thème de la crucifixion est-il apparu ?

Tout d'abord, il faut que je sois dans un état correspondant dans ma vie. Je ne vais pas décider un beau matin :"Tiens, je vais travailler autour de la crucifixion"! Le sujet s'impose, je ne demande rien, mais pour en revenir à la question du dessin et de la peinture, disons que le dessin est d'abord une image ; les dessins qui ont été montrés jusqu'en 1985-86 ont toujours été des images. Une fois que je me suis chargé de représentation, c'est-à-dire que je me suis imprégné de codes et de signes, j'ai pu aborder l'ensemble différemment. Avec une "langue" acquise, on fonctionne toujours mieux.
La crucifixion est donc apparue par rapport à ce que je vivais à l'époque. J'ai commencé à faire un, puis deux, trois, dix, quinze dessins et je me suis soudain aperçu que c'était toujours la même histoire qui revenait. Ce n'était pas moi qui tenais le sujet mais lui qui me tenait. A partir de ce moment-là, cela devient vraiment intéressant mais c'est aussi plus difficile à vivre parce qu'on ne pense plus qu'à cela. On ne peut plus penser un tableau en dehors de ce sujet. Alors, bien sûr, les petits dessins ont aussi fonction d'exutoire. Les grands dessins sont venus après les petits, quand j'ai commencé à travailler sur la commande qui m'avait été faite pour l'illustration d'un évangéliaire et que, pour éviter d'aborder la crucifixion en tant que telle, j'abordais les instruments de la Passion. En tout cas, j'ai réalisé que c'était moi qui étais dans la demande d'un tel sujet. Je ne suis pas allé contre. Je ne vais jamais contre les sujets qui s'imposent à moi. Certes, il y a résistance. Ce n'est pas nous qui traversons les événements, ce sont les événements qui nous traversent. On essaye de faire autre chose, mais tout nous ramène à cela. Ainsi, tous les dessins que j'ai faits ne sont en aucun cas des dessins préparatoires à la peinture, mais disons qu'ils nourrissent l'état dans lequel je vais me mettre pour peindre.

Pour les dessins, est-ce que vous organisez votre pratique ? Est-ce que le choix du matériau se pose comme important à ce moment-là ?

Le choix du matériau est du côté des humeurs, il se fait dans la

seconde, il n'y a aucun facteur temps. J'utilise toutes les techniques sans y penser. Je ne me pose jamais aucune question quand je dessine. Ce n'est pas le dessin que je fais qui m'intéresse, c'est où il va me conduire. Par exemple, le passage du sujet, le passage de la *Crucifixion au jeune homme saluant* de Cézanne, puis au *Gilles* de Watteau s'est fait par le dessin. Je n'avais jamais pensé que je pouvais me sortir de la crucifixion, je ne me posais même pas la question, et puis cela s'est fait un beau jour, en dessinant, après avoir visité l'exposition des *Baigneuses de Cézanne* à Bâle où j'avais vu ce tableau, appartenant à Jasper Johns, du jeune homme au bras levé. Sur le moment, j'y avais vu la crucifixion, et je m'étais dit que j'allais travailler autour de ce bras extrêmement planté, qui n'appartient pas au corps, et cela m'a finalement lancé vers autre chose.
Dessiner étant un moyen de penser, cela se passe partout, sur une nappe de restaurant, une carte postale... Dans la crucifixion, je travaillais sur la position frontale d'un personnage, et après un détour vers la statuaire grecque, j'en suis arrivé au Gilles. La possibilité de digression que donne le dessin est essentielle parce que ce n'est jamais la peinture qui permet le passage d'un sujet à l'autre. Il y a des tableaux qui ont trois, quatre ans, que je n'ai toujours pas finis. La peinture se charge de la crucifixion, du jeune homme saluant, du Gilles, c'est simplement un réceptacle du temps que je vis, du temps pendant lequel je marche dans les rues. *Je respire avec les dessins et la peinture attend.* On ne peut pas être pressé, il faut qu'elle se fasse. Ce n'est pas moi qui la fait, c'est elle qui me fait. Je laisse faire sans intervenir. Il y a une *naturalité* de la peinture et les dessins sont là pour y amener. Tout se passe dans le déroulement de ma vie. Les dessins sont du côté des événements locaux.

En ce qui concerne l'ensemble des travaux sur la crucifixion, mais aussi de manière plus générale, mettez-vous sur le même plan ce que vous écrivez dans les carnets et ce que vous dessinez ?

Oui, le dessin est à peu près équivalent à ce que j'écris dans les carnets. Je fais un dessin, puis je vais écrire que "le Christ est un corps simple". Après, je vais faire un deuxième dessin qui va être issu du rapport entre "le Christ est un corps simple" et le premier dessin. Donc, *une pensée est égale à un dessin*, c'est à un même niveau, tandis que pour la peinture, c'est tout autre chose. Je ne dis jamais que je vais faire une peinture avec un corps simple. Avec la peinture, on rentre dans un monde inconnu où les intentions sont vaines, tandis qu'avec le dessin, on connaît tout, c'est une question d'organisation.

Peut-on dire que vos dessins éclairent, explicitent votre pratique de peintre, qu'ils sont un mode de communication avec nous ?

Ils sont d'abord un mode de communication entre la peinture et moi. Ce sont des interprètes parce que je ne parle pas la même langue que la peinture que je fais. Par ailleurs, pour ce qui est du public, je ne dirais pas qu'ils explicitent la peinture mais il est vrai que devant les dessins, les gens parlent alors que devant les tableaux, ils ne disent rien. Il y a peut-être quelque chose qui arrête. De toute façon, la peinture, c'est la chose la plus arrêtée du monde.

Effectivement, on devient peut-être bavard devant les dessins parce que vos tableaux rendent cet effet de plein, d' *horror vacui* qui rappelle Jasper Johns. On a l'impression de ne pouvoir pénétrer, de buter contre la "peau" dont vous parliez...

On peint toujours avec ce que l'on est profondément. Je suis espagnol et les Espagnols ont un rapport particulier avec le vide et le plein. Ou plutôt, il n'y a pas de vide. Une terreur que l'on retrouve chez Goya, chez Vélasquez. Même s'il n'y a rien sur deux mètres carrés, c'est plein dans son effet. Regardez les *Ménines* : le plafond fait le tiers de la surface du tableau, mais personne n'a remarqué ce vide parce que c'est un vide plein. Un mur. C'est cela, un mur, un vide plein.

Dans les dessins de la crucifixion, il y a juxtapositions de configurations abstraites et de formes reconnaissables, figuratives. N'y a-t-il pas là un dessein pictural plus élaboré ?

Je pense que la question n'est pas là. Quand on est dans le travail du peintre, même au stade des dessins, tout est composé de manière abstraite, comme le monde est. Le monde de l'histoire contemporaine a une configuration qui est à peu près comme celle que je peins. Quand on sort dans la rue, on voit qu'il y a ici une pelle, là un crâne, là une croix, etc... Si le monde était plus lisse, il y aurait une autre peinture. Dans l'état actuel des choses, il faut reconnaître quelque chose dans le tableau, un crâne, une béquille ou les pieds du Christ, mais également une surface rouge. Dès qu'on la reconnaît comme surface rouge, elle n'est plus abstraite, elle fonctionne comme figure.

N'y a-t-il pas des préoccupations d'ordre pictural qui rentrent dans l'élaboration des dessins ? Des préoccupations de couleur, de placement, de composition ?

C'est presque le contraire exact de la peinture. Avec le dessin, quand je commence, je sais où je vais et je ne sais pas où je vais. J'ai toujours cherché à avoir un dessin assez neutre, sans déformation. Ce qui m'intéresse, c'est être le plus près possible de ce qui est là. Dans la peinture, c'est l'inverse.

Pourtant les dessins n'apparaissent pas comme neutres dans leur manière. Qu'est-ce qui détermine, par exemple, votre choix de fonds très colorés, très vifs parfois ?

J'ai pris cela aux XVIe et XXVIIe siècles, où il y avait toujours des fonds préparés pour les dessins. C'est simplement un problème de technique ; si mon fond est vert, je vais pouvoir me servir du blanc. Il est rare que je fasse un dessin sur fond blanc, il faut que je le charge, que je le salisse. Ces fonds colorés ne sont qu'un autre support.

A propos de support, est-ce que le grand Christ obtenu en transparence a eu des ramifications ailleurs et comment est-il advenu ?

De manière anecdotique. J'étais en train de travailler ce grand papier à l'huile quand les deux punaises qui le tenaient se sont décrochées. Le papier est tombé en s'enroulant sur lui-même et je me suis aperçu que c'était beaucoup plus intéressant à l'envers qu'à l'endroit. Par la suite, j'ai pensé tout le temps à l'envers. Tous les christs sont inversés. Ainsi, lorsque j'ai commencé à travailler sur une série de gravures autour de la crucifixion avec Piero Crommelynck, j'étais particulièrement sensibilisé au processus de l'image inversée et j'ai appelé la série "Avec la main gauche". J'étais content de faire ces gravures car les crucifixions n'ont donné aucune peinture, ou tout au moins aucune peinture qui serait exclusivement de la crucifixion. Il y a eu simplement des bribes qui sont apparues dans des tableaux sur autre chose. J'ai vraiment épuisé le sujet par le dessin et par la gravure.

En tout état de cause, la crucifixion était pour moi un moyen, ce n'est en aucun cas un nom propre, c'est un nom commun, un sujet au même titre que n'importe quel sujet qui aurait pu me saisir par les hasards de la rue et de ma vie.

C'est quand même une des représentations centrales de tout l'art occidental. Votre choix ne pouvait pas être totalement innocent...

Bien sûr, mais on touche là à un autre problème. Disons que le "thème" m'a arrêté par rapport à la conscience que j'ai d'Auschwitz. Je me suis dit, lorsque j'ai commencé à travailler sur l'évangéliaire, qu'il fallait sans doute que j'en passe par là puisqu'il s'agissait d'un corps souffrant. La crucifixion, pour moi, c'est enlever la croix et garder seulement le corps souffrant qui est celui de l'homme occidental. Depuis 1945, le corps de l'être occidental est totalement désarticulé. Bacon a génialement compris que le corps de l'homme était un sac de chair. C'est un vrai peintre de la contemporanéité. Jasper Johns, quant à lui, tourne autour, prend les objets, va jusqu'au lambeau du corps avec ses empreintes. Quant à moi, j'essaye de me positionner par rapport à ces propositions. J'ajouterais aussi que le Christ est juif, il y a donc ce corps juif souffrant que je prends symboliquement. Pour moi, ce n'est plus du tout la crucifixion dans le catholicisme, c'est simplement le corps de l'homme occidental après Auschwitz.

Par ailleurs, je l'ai déjà dit, la crucifixion est aussi une nature morte devant un paysage avec notre tête qui souffre en haut. Dans toute crucifixion, on a les trois grands thèmes de la peinture occidentale : une nature morte, un paysage, un corps. Avec la croix, qui n'est que l'obéissance à la verticale et à l'horizontale du tableau.

Etes-vous allé voir beaucoup de crucifixions antérieures lorsque voue étiez en plein dans le sujet ?

Quand je me suis aperçu que cela devenait un sujet central malgré moi, j'ai fait tous les musées d'Europe en me demandant comment c'était peint, comment ce corps était représenté. Et je me suis aperçu que c'était toujours la même chose. C'est un sujet invariable et dans cette invariabilité, il y a la qualité spécifique de chaque peintre. C'est pareil que pour le monochrome, de Rodchenko, Klein à Manzoni. Le monochrome est égal à la crucifixion, c'est le peintre qui fait la différence. Le pire que l'on puisse faire dans l'abstraction, c'est le monochrome et le pire que l'on puisse faire dans la figuration, c'est la crucifixion.

Avez-vous pris des morceaux, des bribes de certaines de ces crucifixions que vous avez ensuite inclus dans vos dessins, puis dans la peinture ? Il semble que vous citiez pas mal Picasso...

J'ai surtout regardé les crucifixions de la Renaissance italienne, de la peinture allemande. Dans la crucifixion de Picasso, à part la bouche qui mord, je n'ai rien emprunté. C'est trop compliqué, trop vaste, on se fait vite coincer. Ce qui, chez Picasso, est intéressant pour moi, c'est une proposition de plusieurs directions pour constituer un tableau, plusieurs directions issues des événements de la vie. Il est extrêmement important que tout se mélange, de ce que l'on voit et de ce qui nous arrive. De toute façon, pour qui refait de la peinture aujourd'hui, la question qui se pose est celle-ci : "Que fait-on avec le Louvre ?" Si on se pose la question, on s'en sort mieux. J'ai donc cherché partout, et j'ai regardé d'abord les ombres sur le corps du Christ. Ce qui m'intéressait, c'était la peinture du corps souffrant. Ce qui nous ramène à notre époque post-Auschwitz : quelle est la personne qui va arriver à produire un corps sain dans la peinture ? Tous les corps que l'on voit sont des corps malades, déformés. C'est la modernité qui veut cela. Auschwitz, c'est l'absence du corps. Beuys, par exemple, qui a travaillé du début à la fin sur la crucifixion, ne donne que des lambeaux. Je cherche donc depuis assez longtemps à produire un corps sain mais je n'y arriverai pas. Ce à quoi j'arrive, en ce moment, à produire comme corps, c'est celui d'un idiot, le Gilles. Le Gilles donne une forme de délire sur l'idiot du village. Parce que si la peinture est un village, j'en suis l'idiot. Je suis celui qui est au courant des circulations, c'est-à-dire que je sais que Cézanne vient de Poussin, que Poussin vient de la colonne Trajan, que Picasso vient d'Ingres, de Manet et de Courbet. Tout n'est qu'une question de circulation et je ne peux peindre qu'en connaissance de cela. La question n'est pas ce qu'ils valent, c'est leur relativité qui m'intéresse.

Et puis avec le Gilles, j'ai une figure qui présente une opacité figurative. On retrouve cette équivalence entre les zones vides et les zones pleines de la réalité. Cela répond à mes questions par rapport à l'égalité des surfaces abstraites et des surfaces figuratives.

Pour en revenir aux dessins de la crucifixion, n'y a-t-il pas un système symbolique organisé sur l'ensemble ?

Pas vraiment. Il y a des signes icôniques, mais ce sont des objets, des attributs. Si je prends la crucifixion comme un nom commun, il a forcément des adjectifs. Ce sont les instruments de la Passion, ce qui m'arrive, ma main gauche — celle que je peux représenter avec ma main droite. Car dès l'instant où la crucifixion devient un sujet dans ma vie, je mets mon corps dedans et la façon de le faire, c'est de dessiner mes pieds et mes mains. C'est un sujet très autarcique. Et de manière plus générale, la crucifixion est quelque chose qui enlève de la peau, qui gratte la peinture si l'on considère que la peinture occidentale est un corps. Je me suis donc demandé ce qui pourrait montrer cela et j'ai trouvé, en Finlande, ce gant qui réapparaît souvent dans les dessins. Quant à la béquille, je peux dire que je m'appuie sur le corps du Christ pour produire le Gilles qui donne la possible apparition d'un corps sain. Les dessins sont aussi des béquilles, c'est ce sur quoi je m'appuie pour arriver à des peintures qui n'ont nécessairement aucun rapport avec eux.

Diriez-vous que les dessins sont moins importants que les tableaux, qu'il s'agit d'une pratique secondaire ?

Non, c'est simplement ailleurs. C'est du côté de la mécanique, de la locomotion. Cela fait avancer les choses. C'est le moteur et les roues, cela ne donne pas la direction. C'est la même chose pour les films, les pièces conceptuelles, les reliques, etc... Un dessin ne peut me servir qu'à apprendre quelque chose qui va ressortir dans une peinture. De toute façon, tout ce que je fais me sert à peindre. Mais les dessins font partie de moi, enfin, les grands dessins hybrides peuvent disparaître, mais tous les petits sont ce que je suis. Car il y a une chose essentielle qui me travaille, c'est la conversion, les équivalences ; qu'est-ce qui s'échange ? Qu'est-ce qui équivaut à quoi ? La crucifixion, pour moi, c'est un bureau de change. Alors, pour en revenir au rapport des dessins et de la peinture, on peut dire que les dessins se convertissent en éléments qui vont faire des peintures. Cela étant dit, les dessins autour de la crucifixion n'ont pas donné de peintures mais un livre.

Comment est arrivée cette idée du livre avec les gravures ?

J'ai donc commencé à travailler avec Piero Crommelynck et la première gravure que j'ai faite est une pointe sèche avec le Christ. C'est le corps le plus simple que j'ai fait. Puis, après une deuxième et une troisième, j'ai pensé que j'aimerais faire un livre car j'avais également beaucoup de notes dans mes carnets. J'imaginais donc un livre de notes avec une quarantaine de gravures et j'en ai fait part à Piero. L'idée de départ était un texte en face des gravures qui consisterait en des mots pris dans les carnets et imprimés assez gros. En quittant Piero Crommelynck qui m'avait invité chez lui pour en discuter, je lui ai dit :"Je vais penser aux gros mots." Lorsque j'ai dit cela, en sortant de ce lieu où la présence de Picasso est très forte, j'ai réalisé qu'il fallait que je mette des insultes. J'allais insulter Picasso mais aussi Piero, le peintre que je suis, et la peinture. Le résultat est un livre d'insultes et c'est en même temps le Christ outragé. C'est le refus de considérer la crucifixion comme un sujet absolu. C'est un contre-évangéliaire.
La gravure en soi a été extrêmement importante, notamment pour relativiser la peinture puisque la crucifixion n'en avait pas donné. Elle n'avait été qu'une population de formes, de signes, de mots, qui sont venus perturber la peinture que je faisais pendant ce temps.

Où se situe pour vous la frontière entre peinture et dessin ?
Quid des grands pastels ? Des huiles sur papier ?

Tout cela, ce sont des dessins. Il faut appeler un chat un chat, la peinture, c'est de l'huile sur de la toile. Quand on demandait à Matisse ce que c'était que la peinture, il répondait : "Vous n'auriez pas une plus petite question ?"

Paris, le 17 février 1993

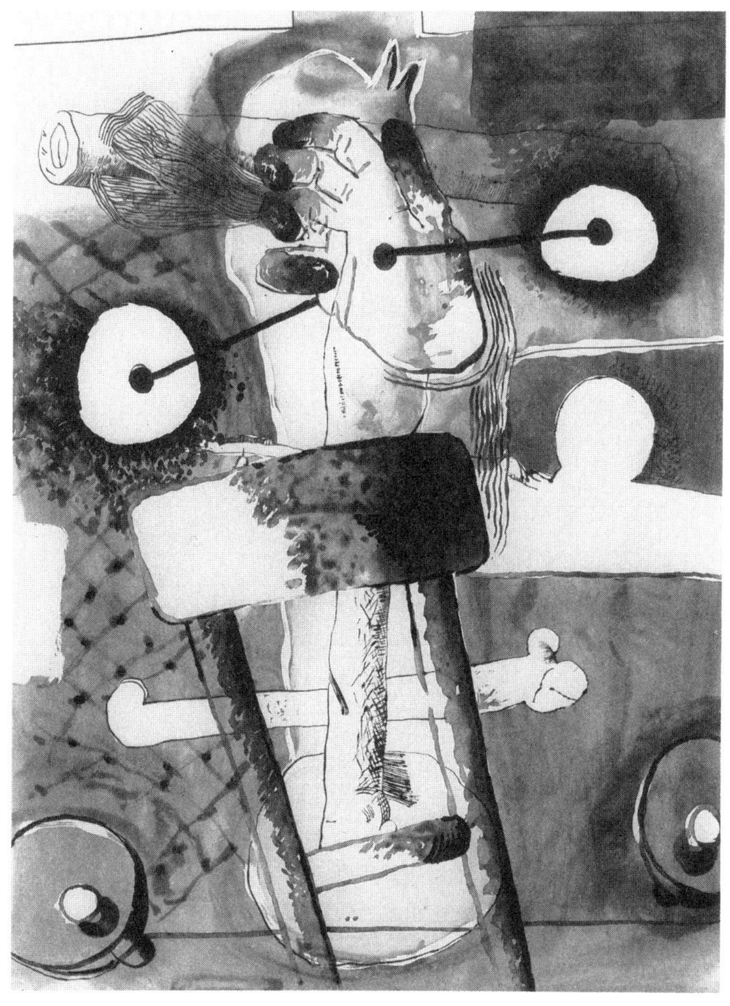

77

77

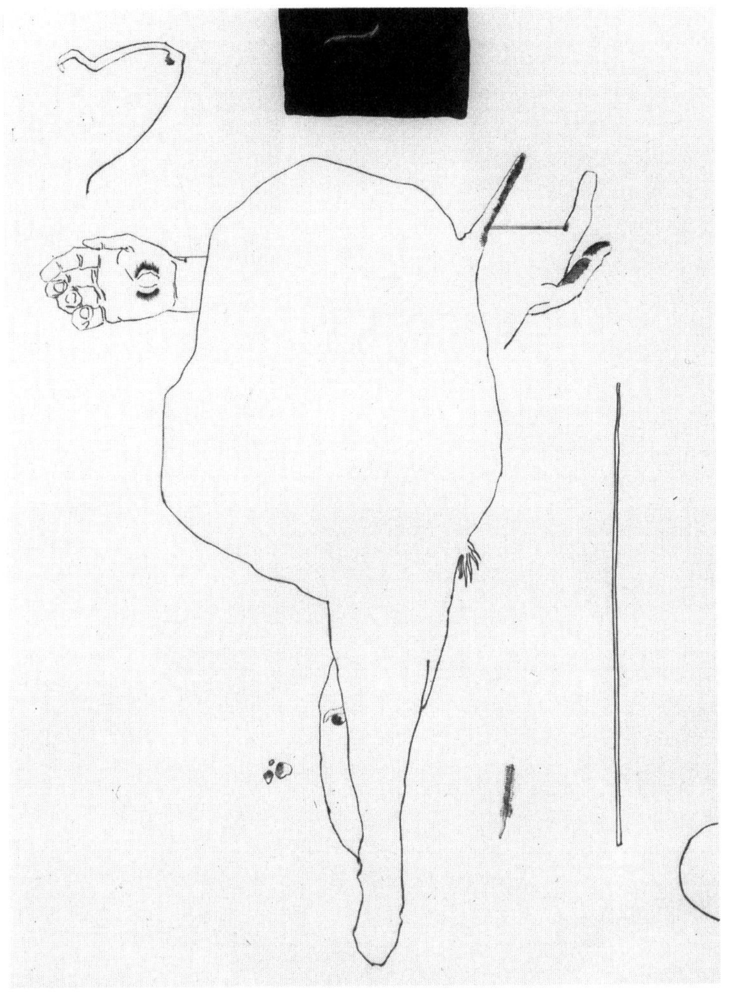

77

Etudier le corps du Christ

Liste d'œuvres

1 Inscription : *Acteon Dixit, Fecit 1985-86*
Fusain, pastel et lavis d'aquarelle
sur papier reliure
65 x 50 cm

2 Inscription : *Naples, A. Fecit Décembre 1989*
Huile et fusain sur papier vélin beige
180 x 130 cm

3 Inscription : *A. Fecit 1989-90 Naples*
Huile, fusain et pastel
sur papier vélin beige
200 x 141 cm
Collection Regolati-Nell, Suisse

4 Inscription : *A. Fecit 1989-90 Naples*
Huile, fusain et pastel
sur papier vélin beige
193,5 x 123,4 cm

5 Inscription : *A. Fecit 1989-90 Naples*
Huile, fusain et pastel
sur papier vélin beige
193,5 x 123,4 cm
Collection Cartwright
(non exposé)

6 Inscription : *Naples, A. Fecit Novembre 1989*
Huile, fusain et encre rouge
sur papier translucide
102 x 72 cm

7 Inscription : *JMA Fecit 1989*
Huile et fusain sur papier vergé
95 x 64 cm

8 Crucifixion, 1989
Fusain sur papier
106 x 74 cm
Collection Marie-Puck Broodthaers,
Bruxelles

9 Crucifixion, I989
Fusain sur papier
7I x I0I cm
Collection Marie-Puck Broodthaers,
Bruxelles

10 1990
114 x 79 cm
Collection particulière

11 Inscription : *A. Fecit Février, 1990*
Gouache, fusain, huile sur papier
97 x 75 cm
Courtesy Galerie Catherine Issert

12 Inscription : *A. Fecit 1991*
Fusain et pastel sur papier vélin
marouflé sur toile
92 x 73 cm

13 Inscription : *A. Fecit 1990*
Huile, fusain et pastel sur papier
vélin blanc marouflé sur toile
162 x 150 cm

14
Huile, fusain et pastel sur papier
vélin marouflé sur toile
170 x 120 cm
Non signé, non daté

15
Huile et fusain sur papier vélin
marouflé sur toile
170 x 120 cm
Non signé, non daté

16
Fusain sur papier vélin bleu
30,8 x 22,8 cm
Non signé, non daté

17 Inscription : *A. Fecit 1991*
Gouache sur papier vélin
gouaché de jaune
13,2 x 12,5 cm

18
Huile, encre de Chine, crayon de couleur et crayon sur papier vélin
22,8 x 18,8 cm
Non signé, non daté

19
Huile, crayon , crayon de couleur et encre de Chine sur papier vélin
18,5 x 23 cm
Non signé, non daté

20
Huile, crayon , crayon de couleur sur papier vélin
23 x 18,3 cm
Non signé, non daté

21
Huile, crayon et crayon de couleur, encre de Chine sur papier vélin
22,4 x 18,5 cm
Non signé, non daté

22
Huile, crayon et crayon de couleur sur papier vélin
23 x 19 cm
Non signé, non daté

23
Huile, crayon de couleur, fusain et encre de Chine sur papier vélin
25,3 x 16,3 cm
Non signé, non daté

24 | Inscription : *A. Fecit 1991*
Fusain sur papier jaune
25 x 16,2 cm

25 | Inscription : *A. Fecit 1991*
Fusain sur papier jaune
25 x 16,2 cm

26 | Inscription : *A. Fecit 1990*
Fusain sur papier vélin
41 x 36 cm

27 | Inscription : *A. Fecit 1990*
Huile, aquarelle, pastel et crayon sur papier vélin
35,5 x 31 cm

28 | Inscription : *Helsinki, décembre 1990*
Lavis et crayon sur papier vélin beige
18,8 x 12,6 cm

29 | Inscription : *Helsinki, décembre 1990*
Lavis et crayon sur papier beige
18,8 x 12,4 cm

30
Aquarelle et crayon sur papier vélin beige
18,6 x 12,6 cm
Non signé, non daté

31 | Inscription : *A. Fecit 1991*
Pastel et crayon sur carton bleu
27,2 x 17,7 cm

32 | Inscription : *Etudier le corps du Christ*
Encre de Chine, pastel et huile sur papier vélin
23 x 19 cm
Non signé, non daté

33 | Inscription : *Etudier le corps du Christ IV*
Encres de couleur sur papier vélin
34 x 23,4 cm
Non signé, non daté

34
Gouache et fusain sur carton bleu
27,2 x 17,7 cm
Non signé, non daté

35 | Inscription : *A. Fecit 1990*
Encre de Chine et huile sur carte postale
15 x 10,5 cm

36 | Inscription : *Etudier son corps du Christ*
Aquarelle, encre de Chine et encre rouge sur papier vélin
31,8 x 23,8 cm
Non signé, non daté.

37 | Inscription : *A. Fecit 1990*
Huile, pastel et fusain sur papier vergé
120 x 80 cm

38 et 38 bis
Inscription : *A. Fecit 1990*
Pastel, huile et fusain sur papier vergé
120 x 80 cm

39 | Inscription : *A. Fecit 1991*
Huile et gouache sur papier vélin gouaché de bleu
29,4 x 21 cm

40 | Inscription : *A. Fecit 1991*
Gouache et aquarelle sur papier gouaché de jaune
13,6 x 12,5 cm

41 Inscription : *A. Fecit 1991*
Gouache sur papier vélin
gouaché de bleu
13,6 x 12,5 cm

42 Inscription : *A. Fecit 1991*
Gouache sur papier vélin
gouaché de bleu
13,5 x 12,5 cm

43 Inscription : *A. Fecit 1992*
Gouache, crayon et aquarelle
sur papier vélin aquarellé de vert
18 x 13 cm

44 Inscription : *A. Fecit 1991*
Aquarelle et gouache sur papier
vélin gouaché de bleu
13,5 x 12,5 cm

45 Inscription : *A. Fecit 1992*
Aquarelle et crayon sur papier
vélin aquarellé de vert
18 x 13 cm

46 Inscription : *A. Fecit 1992*
Encre de Chine, aquarelle, crayon
et gouache sur papier vélin
gouaché de vert
18 x 13 cm

47 Inscription : *A. Fecit 1992*
Aquarelle, crayon et gouache
sur papier vélin aquarellé de vert
18 x 13 cm

48 Inscription : *A. Fecit 1991*
Gouache sur papier vélin
gouaché de rouge
24,8 x 13,5 cm

49 Inscription : *A. Fecit 1991*
Gouache sur papier vélin
gouaché de rouge
27,5 x 25 cm

50 Inscription : *A. Fecit 1991*
Gouache sur papier vélin
gouaché de jaune
27,3 x 25 cm

51 Inscription : *A. Fecit 1991*
Gouache sur papier vélin
gouaché de jaune
13,6 x 12,5 cm

52 Inscription : *A. Fecit 1991*
Gouache et aquarelle sur papier
vélin aquarellé de bleu
13,7 x 12,5 cm

53 Inscription : *A. Fecit 1991*
Gouache sur papier vélin
gouaché de bleu
13,1 x 12,5 cm

54 Inscription : *A. Fecit 1991*
Huile, gouache, aquarelle sur
papier gouaché de jaune
27,3 x 19,1 cm

55 Inscription : *A. Fecit 1991*
Gouache sur papier vélin
gouaché de bleu
27,3 x 25 cm

56 Inscription : *A. Fecit 1991*
Gouache et aquarelle sur papier
vélin gouaché de jaune
27,3 x 24,8 cm

57 Inscription : *Paris, JMA Fecit 1991*
Inscription en haut :
Après tout le monde, après moi
Inscription en bas :
Fantôme de l'ex-voto de ceux qui bâtissent des églises
Lavis d'aquarelle et encre rouge
sur papier vélin
22,7 x 22 cm

58 Inscription : *Paris, JMA Fecit 1991*
Inscription en haut :
Après tout le monde, après moi
Inscription en bas :
Fantôme de l'ex-voto de ceux qui détruisent des églises
Lavis d'aquarelle et encre rouge
sur papier vélin
25 x 23,8 cm

59 Inscription : *A. Fecit 1990*
Huile sur toile
41,3 x 24 cm

60 Inscription : *A. Fecit 1991*
Huile sur toile
35 x 24 cm

61 Inscription : *A. Fecit 1991*
Huile sur toile
46 x 38 cm

62
Huile et crayon sur papier vélin
16 x 8 cm
Non signé, non daté

63 Nantes, 1986

Huile sur photographie

13 x 18,2 cm

64

Carte postale déchirée, agrafée

17 x 9,5 cm

Non signé, non daté

65 Inscription : *Etudier son corps du Christ*

Lavis d'aquarelle, encre et crayon sur papier vélin

19,4 x 9 cm

Non signé, non daté

66 Inscription : *Etudier son corps du Christ*

Aquarelle, crayon de couleur et encre de Chine sur papier vélin

7 x 8,2 cm

Non signé, non daté

67 et 68

Incisions sur plaque d'ivoire

4,5 x 2 cm chacune

69 Inscription : *A. Fecit 1990*

Encre bleue sur polaroïd gravé au stylet

11 x 8,5 cm

70 Instruments de la Passion I

Crayon et crayon de couleur sur papier vergé crème

21 x 21 cm

71 Instruments de la Passion III

Crayon et crayon de couleur sur papier vergé crème

21 x 21 cm

72 D'après le Baigneur de Cézanne, 1991

Fusain sur papier vélin

15,5 x 11 cm

73 Le Christ de Saint-Jean
Inscription : *JMA Fecit 1993*

Crayon sur image pieuse offset

12 x 7 cm

Collection particulière

74 Inscription : *A. Fecit, 1991*

Fusain, crayon et gouache

149 x 120 cm

75 et 76

Inscription : *A. Fecit, 1991*

Fusain et crayons de couleur

120 x 80 cm

LIVRES

77 Avec la main gauche
Inscription : *H.C. A. Fecit 1992*

Ensemble de 43 gravures

38 x 28,5 cm chacune

et livre relié 39 x 29,5 cm

Collection Piero Crommelynck

78 Un Evangéliaire pour notre temps, 1991

27 lithographies

Reliure pleine peau d'Alain Lobstein d'après une maquette de l'artiste

37 x 28 cm

Edité par le Comité national d'art sacré avec le concours du Centre national des Arts plastiques (ministère de la Culture)

CARNETS

Carnet noir

Helsinki

40 pages dont 19 dessins

Crayon et aquarelle

16,5 x 9,5 cm

Non daté

Carnet 2

Septembre 1989-janvier 1990

47 pages dont 46 dessins

Crayon, encre et aquarelle

Couverture cartonnée, dos peint en rose

16 x 12 cm

Carnet 3

Décembre 1989-juin 1991

49 pages dont 46 dessins

Crayon, crayons de couleur et aquarelle

Couverture cartonnée, façon reliure

18 x 24 cm

Carnet 4

Octobre 1990-février 1991

43 pages dont 43 dessins

Gouache, aquarelle, encre et crayon

Couverture cartonnée peinte en rose

12 x 16 cm

Carnet 5

Octobre 1990-février 1991

44 pages dont 36 dessins

Crayon, crayons de couleur, aquarelle
Couverture cartonnée peinte en rose,
dos en jaune
12 x 16 cm

Carnet 6

Avril-août 1991
5I pages dont 35 dessins
Crayon, crayons de couleur, aquarelle
Couverture cartonnée
12 x 16 cm

Carnet bleu

48 pages dont 33 dessins numérotés
de I à XXXIII
Crayon, crayons de couleur, aquarelle
Couverture cartonnée bleue, façon
reliure et simili cuir
15 x 20 cm
Non daté

Sauf mention contraire, toutes
les œuvres appartiennent à l'artiste.

Crédits photographiques :

Jacques Faujour
Adam Rzepka
Musée national d'art moderne,
Centre Georges Pompidou, Paris.
Galerie Catherine Issert.
Georges Poncet, Paris.
Studio Trisorio, Naples.

Achevé d'imprimer sur les presses
de l'imprimerie Snoeck-Ducaju et Zoon.
Gand, Belgique.